数字图书馆资源建设与阅读推广研究

于洋◎著

时代文艺出版社
SHIDAI WENYI CHUBANSHE

图书在版编目（CIP）数据

数字图书馆资源建设与阅读推广研究 / 于洋著. --
长春：时代文艺出版社，2023.8
ISBN 978-7-5387-7380-4

Ⅰ.①数… Ⅱ.①于… Ⅲ.①数字图书馆－文献资源
建设－研究②数字图书馆－读书活动－研究 Ⅳ.
①G250.76

中国国家版本馆CIP数据核字(2024)第013605号

数字图书馆资源建设与阅读推广研究
SHUZI TUSHUGUAN ZIYUAN JIANSHE YU YUEDU TUIGUANG YANJIU

于洋 著

出 品 人：吴　刚
责任编辑：卢宏博
装帧设计：文　树
排版制作：隋淑凤

出版发行：时代文艺出版社
地　　址：长春市福祉大路5788号　龙腾国际大厦A座15层 （130118）
电　　话：0431-81629751（总编办）　　0431-81629758（发行部）
官方微博：weibo.com/tlapress
开　　本：710mm×1000mm　1/16
字　　数：210千字
印　　张：13
印　　刷：廊坊市广阳区九洲印刷厂
版　　次：2023年8月第1版
印　　次：2023年8月第1次印刷
定　　价：76.00元

前　言

随着互联网的发展，人们已经远远不满足于仅从纸质资源上获取信息，从网络上获取信息的需求越来越大。

数字资源相对传统的纸质资源而言，具有其独特的优势。首先，数字资源不会受限于图书馆的建筑规模大小，数字资源建设是基于局域网、互联网的网络平台，只需要将数字信息存储在数字存储媒介上即可，可以大大丰富图书馆馆藏。

其次，数字资源的管理也更加方便与智能。传统纸质资源的管理，不仅需要耗费大量的人力物力，还会有大量的出错率，且效率较低，无法快速完成图书的更新，而数字资源可以实现信息高效快捷的更新与更改。

最后，数字资源获取方便，打破了时间和空间的限制，读者可以随时随地获取自己所需的文献信息。

建设图书馆数字资源已成为每个图书馆重中之重的任务，未来的图书馆将不再是传统意义上的藏书阁，它代表着文化与信息技术的融合，将成为新形式的文化传播场所，为人们的文化生活带来全新的体验。

图书馆数字资源的建设与阅读推广活动任重道远。一方面，图书馆既要做好数字资源的建设，加强数字资源与传统阅读相结合，对数字资源进行相应的管理与检索平台的搭建。另一方面，还要对阅读推广方式推陈出新，借助新媒体等网络平台，与读者形成线上线下积极友好的互动模式。图书管理人员也要相应地提高自身的检索与服务能力，转变对读者的服务态度，充分利用现有的数字资源，提高数字资源的利用率。传统资源与数字资源相互渗透，将为读者搭建全方位立体式空间阅读，营造良好的数字化阅读环境，激发读者的阅读兴趣，培养读者良好的阅读习惯，进一步实现全民阅读的新形势、新发展、新气象。

目　录

第一章　数字图书馆理论基础

随着当代信息技术的飞速发展，以印刷型书刊资料为主要收藏载体的传统图书馆逐渐难以适应信息社会不断增长的信息需求，信息量的激增、信息传输速度的提升以及信息利用的网络化要求图书馆调整自身的馆藏结构和服务方式，促成了数字图书馆的出现。

数字图书馆的概念最早可以追溯到 1975 年克里斯提在《电子图书馆：书目数据库 1975—1976》一书中提出的电子图书馆（Electronic Library），现在一般认为电子图书馆是数字图书馆的早期提法，1992 年以前大多使用"电子图书馆"，1992—1994 年间，这两个概念并行使用，1994 年以后多用"数字图书馆"。

1994 年 9 月，美国国家科学基金会等单位正式启动实施一项为期 4 年、耗资 2440 万美元的"数字图书馆创始工程"（Digital Library Initiative，简称 DLI，或译为"数字图书馆先导项目"），可以视为数字图书馆从概念走向实践的开端。由卡内基·梅隆大学、斯坦福大学、密歇根大学、加州大学伯克利分校、加州大学圣·巴巴拉分校、伊利诺依大学等六所著名大学进行的这项"数字图书馆创始工程"实验开启了数字图书馆时代。

随后，数字图书馆建设热潮席卷全世界。1997 年以后，中国图书馆学界也掀起了研究数字图书馆的浪潮。1997 年 7 月，由国家图书馆、上海图书馆、南京图书馆、中山图书馆、深圳图书馆、辽宁图书馆以及原文化部文化科技开发中心联合承担的"中国实验型数字式图书馆"项目经国家计委批准立项，成为国家重点科技项目，标志着中国数字图书馆建设拉开序幕。

尽管数字图书馆已经成为图书馆学界的一个研究热点，然而关于"数字图书馆"却至今未有公认的定义，也缺乏公认的基础理论，下面是根据教学需要而建立的一个理论系统。

第一节　数字图书馆的定义

关于数字图书馆的定义，国内外众说纷纭，这里提供一些有代表性的观点，主要包括国外以研究图书馆协会（ARL）、美国数字图书馆联盟（DLF）和美国数字图书馆问题研究方面的专家为代表的观点，以及国内以部分学者为代表的观点。

一、国内外代表性定义

研究图书馆协会是由美国、加拿大的 121 个主要学术图书馆组成的一个专业协会，以每年公布 ARL 统计报告闻名。该协会于 1995 年 10 月给出了一个要素列举式的数字图书馆定义：

数字图书馆不是一个单一的实体。

数字图书馆需要链接许多信息资源的技术。

多个数字图书馆及信息机构之间的链接对最终用户透明。

全球范围存取数字图书馆与信息服务是一个目标。

数字图书馆的收藏并不局限于文献的数字化替代品，还扩展到不能以印刷形式表示或传播的数字化人造品。

数字图书馆联盟是由美国一些著名大学和重要图书馆联合成立的数字图书馆学术组织，数字图书馆联盟于1998年提出的数字图书馆定义是：数字图书馆是一个拥有专业人员等相关资源的组织，该组织对数字式资源进行挑选、组织，提供智能化存取、解译、传播，保持其完整性和永存性等工作，从而使得这些数字式资源能够快速且经济地被特定的用户或群体所利用。这一定义将数字图书馆规定为一种具有特定功能的组织机构，同时强调了数字式资源是数字图书馆的核心。

美国数字图书馆专家认为，数字图书馆是具有服务功能的整理过的信息收藏，其中信息以数字化格式存储并可通过网络存取。该定义的关键在于信息是整理过的。这一定义将数字图书馆界定为一种信息收藏，兼顾了数字式资源和网络服务，并强调了数字图书馆信息管理的简洁性和综合性较好。而国内对于数字图书馆的认识也首先体现在定义问题上。

例如，数字图书馆是以电子格式去存储海量的多媒体信息并能对这些信息资源进行高效的操作，如插入、删除、修改、检索、提供访问接口的信息保护等。这是一个强调技术的数字图书馆定义。

再如，可以给数字图书馆下一个比较宽泛的定义：数字图书馆是社会信息基础结构中信息资源的基本组织形式，这一形式满足分布式面向对象的信息查询需要。

其中"分布式"和"面向对象"的含义可以简单地理解为前者指跨图书馆（跨地域）和跨物理形态的查询，后者指不仅要查到线索（在哪个图书馆），还要直接获得要查的东西（对象）。这个定义是说目前的图书馆是社会信息资源的一种主要组织形式，满足了人们借阅书刊等基本信息的需要。这是一个在传统图书馆与数字图书馆相互参照的基础上提出的数字图书馆定义，具有一定的综合性。

有关数字图书馆的定义还有：

数字图书馆是图书馆在线服务系统。

数字图书馆是以数字形式存储和处理信息的图书馆。

数字图书馆是以数字形式提供信息服务的机构或组织。

数字图书馆是指图书馆所有的工作流程都基于计算机，而且馆藏资源都实现了数字化。

数字图书馆就是图书馆馆藏实现数字化管理，并提供上网服务，可供读者随时随地查阅。

数字图书馆是指通过多种技术将各种文献数字化，并将其组织起来在网上提供信息服务的信息中心或数据库。

数字图书馆实际就是人们所说的电子图书馆、虚拟图书馆、无墙图书馆，不同的称谓只是人们从不同的角度描述数字图书馆的特征。

数字图书馆是一个数字化系统。它将分散于不同载体、不同地理位置的信息资源以数字化的形式储存，以网络化的方式互相连接，提供即时利用，实现资源共享，其核心是数字化和网络化，其实质则是形成有序的信息空间。

数字图书馆是一个大系统，它拥有分布的、大规模的和有组织的数据库和知识库，用户或用户团体可对系统内的数据库和知识库进行一致性的访问，从而获得自己所需的最终信息。

数字图书馆能够为国家信息基础设施提供关键性的信息管理技术，同时提供主要的信息源和资源库。换言之，数字图书馆是国家信息基础设施的核心。

数字图书馆一般而言，是指利用当今先进的数字化技术，通过计算机网络，使人数众多且又处在不同地理位置的用户能够方便地利用图书馆资源。所谓数字图书馆，就是对有价值的图像、文本、语音、影视、软件和科学数据等多媒体信息进行收集、组织和规范再加工，通过网络提供高速横向跨库连接的多媒体信息存取服务，促进社会各类信息高效、经济地传递，从而极大地方便人们的学习、交流和生活。

值得注意的是，数字图书馆与传统图书馆有着不可分割的联系。传统图书馆是数字化时代前人类社会知识文化的信息中心，数字图书馆虽然可以把传统图书馆中各种载体的文献信息内容数字化，但不能替代文献载体本身，也不能提供传统图书馆特有的阅览环境等。数字图书馆不仅要选择性地对已有的文献资源进行数字化，而且要处理新生的数字信息资源并开辟利用图书馆的新渠道、新方式和新技术。因此，没有必要摆脱传统图书馆而去另建新的数字图书馆，传统图书馆是数字图书馆的基础，数字图书馆是传统图书馆的发展，二者相互结合，构成混合图书馆。

二、数字图书馆特征

过于宽泛地探讨数字图书馆的概念阐释无法全面精准地把握其特征，而只有真正地掌握了数字图书馆的特征，才能够探究到其实质，由此才能够对数字图书馆给出全面精准的定义阐释。数字图书馆的特征就集中在数字资源、网络服务以及特色技术三个方面。

（一）数字资源

数字资源是图书馆中以数字化形式存在的信息资源，包括利用特定数字技术所转换的文献资料，以及本身就以数字形式而存在的信息。数字图书馆正是以这些数字资源作为基础，同时这也是区别于传统图书馆的突出特征。从具体类型上看，数字资源主要包括图书、期刊、视频、音频以及工具书等相关资料；就文件格式而言，其中有位图形式的页面、本地局域网资源、CD-ROM 中的信息以及经 SGML 编码后的特殊文本等。能够高效处理各类多媒体数字资源是数字图书馆的典型技术特征。数字图书馆的服务目的是为读者提供直接的信息服务，而并非二次文献，但同样需要索引和书目等二次文献，因此数字图书馆中也普遍存在着二次文献资源。

（二）网络服务

数字图书馆得以存在的技术基础在于高速数字通讯网络。数字图书馆正是在网络技术的支撑下展开对内业务和对外服务，网络技术可谓是数字图书馆存在与发展的生命线。借助网络技术运转的数字图书馆业务也需要依赖于这一载体对外提供服务，这也是区别于传统图书馆的一大突出特征。失去了网络的支撑也不会有数字图书馆的存在；如果网络中断，数字图书馆也无法开展业务和服务。因此数字图书馆的高效运行需要以通畅的网络为必要支撑。

当前主要以带宽这一指标来评价网络性能，能够存储和提取多媒体信息的网络带宽最好是千兆网或宽带网，即达到 Gbps（1000 Mbps）量级以上。随着现代网络技术的不断发展，网络带宽的量级也在逐步向 Tbps（1000 Gbps）扩展。

（三）特色技术

数字图书馆除了充分利用现代互联网以及计算机技术外，还开发了自身独特技术，这也是与其他技术领域相区别的典型特征之一。独特技术主要包括运行管理、检索、多媒体信息标引以及海量信息存储等相关技术，建立独具特色的国际标准，也是建设和发展数字图书馆的一项重要内容。

标准显然十分重要，正是由于全球范围内形成了共同遵循的传输控，才带动互联网取得了今天的发展成就。数字图书馆同样需要建构全球普遍公认的技术标准，积极参与这一行业技术标准的筛选和制定与我国数字图书馆的可持续发展具有至关重要的作用。当前，我国数字图书馆研究和建设技术基本上与西方发达国家相持平，处在同样的起跑线上，这更有利于我国积极参与国际数字图书馆技术标准的制定。

三、基于数字图书馆特征的数字图书馆定义

在进一步全面分析和把握数字图书馆所具备的三大突出特征的基础上，可以进一步定义数字图书馆，即数字图书馆是满足数字资源、网络服务以及独特技术这三大基本特征的图书馆。换言之，只要符合数字资源、能够提供网络服务及具备独特技术的图书馆就可以称之为数字图书馆。

此外，还需要进一步区分数字图书馆与电子图书馆、虚拟图书馆以及

网上图书馆等相关概念。在诸多学者的研究中通常认为这些概念是同义词，但有必要区分其侧重点，这对于更为全面深入地探究数字图书馆具有重要意义。

电子图书馆：其产品基本上是以光盘、磁盘等有形化的载体为主，往往只能利用单一计算机进行提取和存储，并不追求线上信息服务。

网上图书馆：主要是利用网页的形式将海量信息广泛组织起来，由此能够为广大用户提供查阅和检索服务。网上图书馆往往不具备线下实体服务组织，从内容上可以将其视为数字图书馆的内部构成。

虚拟图书馆：实际上是网络图书馆的集合，只具备线上虚拟存在形式，不具备线下实体资源，往往利用现代互联网技术来组织形成，而不具备独特技术，因此可以视为数字图书馆的有效延伸。由此可以看出，将传统图书馆转移到线上服务并不是真正的数字图书馆，同时利用数字化技术将馆藏资源转化成数字资源也并不一定就是数字图书馆。数字图书馆是借助特色技术将庞大的数字资源广泛组织起来并对外提供网络服务的组织形式，必须同时具备网络服务、数字资源和独特技术这三个特征。基于传统图书馆可以进一步打造数字图书馆，因此传统实体图书馆可以作为数字图书馆的后盾和基础，而且数字图书馆并不是要完全取代传统图书馆。

定义问题的讨论向来比较学究气，然而数字图书馆研究必然需要涉及相关概念和理论。概念和理论阐释是研究立项的必要前提，这全新的概念很可能衍生出一个全新的学科或领域；基本概念也是基础理论和研究工作的基石，故讨论数字图书馆的定义是必要和重要的。

第二节　数字图书馆的理论结构

既然数字图书馆的主要特征和理论核心就集中在数字资源、网络服务以及特色技术上，那么也正是由这三部分构成了数字图书馆的理论框架。

一、数字资源

数字图书馆内部馆藏的数字资源主要来自于以下两方面：

（一）印刷资源的数字化

对于版权过期的各种文献资料和图书，可以利用字符识别或扫描的技术转换成数字化资源，由此为数字图书馆提供了资源基础，此类资源基本上以年代相对久远的文献和经典著作为主。

（二）原生数字资源

除了将已有的馆藏资源转化为数字化信息资源外，当前社会中涌现出了越来越多的原生数字信息资源，尤其是各种学术报告、会议记录以及学位论文等。并且当前出版业已经全面实现数字技术应用，所出版的各类图书和期刊首先形成数字化版本，之后再进行印刷。因此，以往占据信息资源主体地位的传统图书和期刊，逐渐被数字化的图书和期刊所取代，并且原生数字资源逐渐成为数字资源的主体。

二、网络服务

基于数字资源、网络服务以及特色技术这三大要素结构，数字图书馆具备主动和被动两种网络服务模式。

（一）被动服务

既然全社会为了积极建设和发展数字图书馆，投入了大量的资源，数字图书馆就应当为广大受众提供应有的服务，而并不是被动参与。然而，被动服务也是数字图书馆的一种基础服务方式，其特征在于无需考虑用户的差异化需求，而是采用无交互网站的模式进行服务。

无交互网站是数字图书馆提供被动服务的主流模式，也是数字图书馆作为服务主体的单向信息传递过程。基于这一模式，数字图书馆主要是以数据库和网页的形式将各类数字资源呈现在网络空间中，用户可以基于自身的需求进行选择和使用。数字图书馆除了在门户网页上提供服务指南外，无其他附加服务，因此对所有用户提供完全相同的服务，完全由服务系统主动，而广大用户处在被动接受地位，这种模式仅仅实现了信息单向流动。显然被动服务是最低级的网络服务模式。

为了进一步改善被动服务，主要通过发送电子邮件或者附加网络表单的形式为用户提供更多附加性的服务，解决用户的某项疑问，这也是改善被动服务的初级模式，目的在于为用户提供更为经济快捷的信息服务路径。

在数字图书馆主页上添加图书馆管理者电子邮箱地址链接的方式就能够实现对外提供电子邮件服务，用户可以将其疑问或者特定的需求以电子邮件的形式发送给图书馆相关人员，图书馆相关人员同样会以电子邮件的形式进行回复，由此将被动服务转化为单向延时服务。当然此类完善方式的技术含量相对较低，实现门槛较为容易，主要适用于技术条件相对有限且无法提供完善性主动服务的数字图书馆。

网络表单方式是对电子邮件服务进行了改良，是被动服务模式的再现和完善，它主要为用户提供一个网络表单，然后将此表单以电子邮件的形式发送给图书馆，而图书馆相关人员需要在一定的时间内利用电话或者邮件的形式回复用户，由此在被动服务和主动服务之间搭建了一座桥梁。

（二）主动服务

主动服务是随着数字图书馆技术的不断发展，向更高级的网络服务模式转变的结果，其特征在于充分考虑了用户的个性化需求，大多是利用交互式网站来实现。

交互式网站又可以分为双向交互问答和个性化信息推送两种不同模式，其中个性化服务逐渐占据主流。

1.双向交互问答模式

这一模式下，数字图书馆能够基于用户的某项资源请求以及需求变化提供不同的服务形式，这一模式下的系统和用户处在相同地位，能够确保信息在两大主体之间实现双向互动。这个模式主要是利用网络聊天室的形式来实现。

Chat 形式即在线聊天形式，是一种实时交互式服务，起源于 1999 年美国宾夕法尼亚大学商学院采用聊天软件 Live Person 提供实时信息咨询。该软件类似可定制的私密聊天室，可装载于图书馆或第三方服务器上，并在图书馆主页上设置进入链接点。

2. 个性化信息推送模式

这一模式下的用户可以依据自身的独特倾向和偏好设计图书馆的服务界面并筛选所需资源，此时的用户处在完全主动地位，而数字图书馆处在被动从属地位，数字图书馆主要是借助特定技术来满足用户的个性化需求，之后向用户进行推送。当前主要利用 My Library 技术来实现个性化信息推送，用户可以设计个性化的数字图书馆，产生适合自己需要的熟悉界面；数字图书馆则根据用户定制去组织并推送数字资源，将用户选定的专题资源定期主动提供给相应用户，真正实现了资源、技术与服务的密切结合和良好配置。因此，My Library 技术是当前个性化信息推送的主流技术工具。

由最初的被动的单向信息传递向主动的个性化信息推送的转变，不仅仅是现代信息技术的进步和发展，同时也体现了主动权和控制权逐渐掌握在用户手中，随着用户应用水平的不断提升，实现了更优的应用效果。同时，对于资源管理者而言，应当进一步优化和整合数字资源，创新操作方法，为数字图书馆提供更强大的网络服务夯实基础。

三、支持技术

无论数字资源还是网络服务，都需要支持技术。数字图书馆所应用的特色技术主要指向通用信息技术和专用创新技术两类。

（一）通用信息技术

此类技术主要指向网络、信息安全以及计算机等相关技术。当前，计算机技术、网络技术和信息安全技术都在高速动态发展之中，每个技术突破都可能变革数字图书馆技术。

（二）专用创新技术——特色技术

建设与发展数字图书馆的特色技术主要指向数字信息处理和加工、多媒体信息标引和检索、分布式资源与运行管理、信息存储和组织、信息挖掘、信息可视化、个性化信息定制和发布、信息安全、读者界面以及数字权益管理等相关技术，尤其是数字信息处理和加工、分布式资源与运行管理、海量信息存储和组织、个性化信息定制发布以及多媒体信息标引和检索等尤为重要。

特色技术不仅仅是建设和发展图书馆的必要支出，同时也是资源和服务之间相互衔接的重要纽带。无论是处理数字图书馆的相关资源还是提供网络服务都必然依赖于特色技术的支撑。

第三节　数字图书馆与图书馆自动化的关系

数字图书馆理论涉及的另一个问题是数字图书馆与图书馆自动化的关系。对此，有学者提出图书馆自动化系统发展的"三阶段说"，认为图书馆自动化系统发展的第一阶段是以单一图书馆计算机管理系统为标志的初级阶段；第二阶段是以网络化为标志的电子文献服务阶段；第三阶段就是以数字图书馆为标志的高级阶段。数字图书馆的研究和发展将形成数字图书馆的三种主流模式：特种馆藏型模式、服务主导型模式和商用文献型模式。其中服务主导型数字图书馆的体系结构以三种主要数字资源（即图书馆本身的数字化特种馆藏，商用的网上联机电子出版物或数据库，在互联网上有用的文献信息资源）为基础，主要包括统一信息访问和网上参考咨询两大平台。前者所解决的是不同平台之间信息资源相互检索访问的问题，如何能够为广大用户提供统一的检索界面，确保不同图书馆之间具备操作兼容性；网上参考咨询平台重点解决用户在数字图书馆使用过程中的各种疑问。统一信息访问和网上参考咨询是数字图书馆必不可少的两大平台，并且具备相互渗透的系统结构。

从图书馆自动化的发展历程中可以看出，图书馆自动化始终在追求信息索引和目录以及各类检索工具的计算机化，并没有过度追求图书期刊以及其他各类信息资源在存储、使用以及检索等领域的计算机化。书目显然是为确定馆藏提供帮助的重要工作，既然已经实现了输入工具的计算机化，那么按照图书馆自动化发展的内在逻辑，未来将向馆藏存储和检索计算机化方向发展，也就是实现数字化，这也是数字图书馆的一个重要特征。从这一层面上看，随着图书馆自动化的不断发展，将迈向数字图书馆这一高级阶段。

我们认为数字图书馆与图书馆自动化系统的总体关系是：图书馆自动化是建设数字图书馆的必要基础，能够为数字图书馆提供数字化的输入信息，尽管图书馆自动化系统所能提供的技术资源贡献并不多，但实现图书馆自动化是建设数字图书馆的必经阶段。图书馆自动化是在传统图书馆理论框架下应用计算机技术来改善图书馆服务与管理，而数字图书馆却是在理论与技术上超越传统图书馆的新发展，其意义和影响将更加深远。

总之，数字图书馆的出现和发展动力并不完全是源自图书馆自身，而更多的是信息化社会不断发展和推动的结果。图书馆学界应该利用数字图书馆的发展契机加快图书馆事业的发展步伐。尽管当前对数字图书馆尚未达成统一认识，但其带来的深刻而广泛的影响却是不争的事实，数字图书馆是图书馆发展的一种必然趋势，必将成为图书馆事业发展的主要方面之一。因此，以数字资源为基础，依靠特色技术运行并提供借助网络提供各项服务的数字图书馆拥有十分广阔的发展前景以及庞大的研究体系。

第二章　数字图书馆建设发展

第一节　建设数字图书馆的作用和意义

数字图书馆是以知识概念体系为支撑提供知识信息服务的体系，是社会信息基础设施建设的重要构成部分，同时也是未来社会公共信息的核心。它能够突破互联网上信息过于分散且难以使用的限制，由此为用户提供更为专业个性且高质量的知识信息。数字图书馆具有典型的跨学科特征，不仅涉及计算机、网络通信，同时与教育、法律、经济等学科相互交叉。数字图书馆的产生和发展意味着互联网逐渐从技术中心向文化传播、艺术创新、经济发展、科学交流以及知识管理等活动领域延伸。

一、数字图书馆与知识经济发展

当前，世界已经步入知识经济时代，知识成为生产力的核心要素，知识和信息成为国际竞争和全球知识经济的关键驱动因素。知识的获取、交流与创新能力是提高社会生产力的重要因素。数字图书馆作为信息与知识的一种有效组织形式，将极大地提高人们的知识获取能力与组织的知识创新能力，有利于国家知识创新体系的实现。因此，数字图书馆将从根本上促进全球知识经济的发展。

二、数字图书馆与国家信息化建设

信息化是我国加快实现工业化和现代化的必然选择。国家信息基础设施是我国迅速提高知识创新能力和国民素质，尽快缩小与发达国家的差距，实现跨越式发展的重要途径，是应对知识经济和全球经济一体化趋势的保障。数字图书馆具有对信息和知识的全新组织、通过网络对用户提供广泛服务的明显特征，因此是国家信息基础设施的重要组成部分。数字图书馆使得人们可以跨越时空限制，获取需要的知识与信息，这将为填平我国与发达国家的数字鸿沟、缩短国内东西部地区间发展的差距做出重要贡献。

三、数字图书馆与先进文化建设

我国数字图书馆建设的关键在于建构以中文信息为主的文化和知识体系，向全世界充分展示我国优秀的传统文化和社会主义建设的伟大成就，形成中华优秀传统文化在互联网上的整体优势，从而有力地抵御外来消极文化的影响，促进中华优秀传统文化向全世界的传播，增强民族的生命力、创造力和凝聚力。

四、数字图书馆与全民终身教育

图书馆历来是国家教育体系的重要组成部分，数字图书馆所提供的专业化、个性化、网络化的知识与信息服务，将营造出全民终身教育的良好环境，有助于逐步形成社会化的终身教育体系，对于提高我国国民素质，增强公民的信息素养与知识获取能力，加强社会主义精神文明建设，推进学习型社会的形成，实施"科教兴国"战略将起到巨大的推动作用。

第二节　数字图书馆建设全业务流程

信息资源是图书馆对外服务的必要前提，是图书馆赖以生存的必要条件。传统图书馆的业务流程可以概括为采编阅藏，数字图书馆的业务流程实际上也可以归纳为采编阅藏，只是数字图书馆业务流程中所渗透的信息为数字资源，同样是以这一资源为基础来规划数字图书馆的生命周期。

一、采——数字资源的采集加工

（一）数字图书馆信息资源建设

数字图书馆资源是指图书馆以数字形式发布、存取和利用的信息资源的总称。数字资源的生命周期是指数字信息资源从生产到消亡的自然运动过程，可以描述为产生、采集、组织、传播、利用以及存储数字资源的过程。数字图书馆资源建设是指对信息资源进行选择、采集、组织和管理，使之形成可利用的数字资源体系的过程。

（二）数字图书馆资源建设形式

传统文献的采集主要通过接受缴送、购买、交换、受赠、征集、接受调拨、复制等方式采集文献。数字资源的采集途径也很多，主要包括采购、数字化加工、网络资源采集、网络资源导航、专题资源库建设、受缴、受赠和交换等，这些方式可以在数字资源建设工作中并存。

1. 采购

主要是指商业数据库的采购，是指通过购买方式从本馆以外的权利人（包括团体和个人）处获得数据库资源的使用权或保存权。

2. 自主建设

根据馆藏资源情况及服务对象的需求，有选择地分期、分批进行馆藏特色资源数字化和专题资源库建设。通常将图书馆建设的馆藏书目数据库、专题特色数据库和有效组织的网络资源统称为自建资源。自主建设数字资源还包括数字展览、在线讲座等原生数字资源。

在自主建设数字资源的各个环节必须严格遵守资源建设标准规范，这不仅有利于数字资源的用户发现和传递，提高其可用性，更能满足资源共享和增值应用的需求。

3. 网络资源采集

网络资源采集是指利用网络爬虫对指定的域名和网页进行自动采集，从而获得网络信息资源的过程。对于有能力进行网络资源采集的图书馆，应结合用户需求，确定采集策略、采集主题、采集范围等，进行有重点的采集。

4. 合作建设

在平等互惠的原则下，图书馆与图书馆之间，图书馆与有关机构如档案馆、博物馆、科研机构、企业等之间，进行数字资源的共建与共享，包括资源交换、委托加工等。此外，接受缴送和赠送也是信息资源的获取途径之一。

（三）数字图书馆资源建设原则

我国各级图书馆开展数字资源建设已经二十余年，积累了大量的数字化产品、专题库，也形成了大量的商业数据库。总结国内图书馆开展数字资源建设的实践，我们认为数字图书馆资源建设应该重点考虑如下原则：

1. 整体性与系统性原则

数字图书馆以传统资源载体和数字资源这两种形式共同形成了馆藏信息资源，图书馆应当进一步优化和整合这两种不同资源，建构类型多样且拥有多种不同载体的信息资源，在各项资源有效整合的基础上提高信息资源体系的运行效能和效率。同时应当建设连续完整的资源内容，打造类型多样、有层次且重点突出的数字资源体系。

2. 实用性和效益性原则

数字资源建设应该从图书馆的职能定位和用户的实际需求出发，最大限度地满足社会信息需求；同时根据各馆具体实际情况，统筹考虑采购方式、许可模式、许可期限、元数据、保存期限等诸多因素，达到效益最大化。

3. 共建共享原则

在各级各类图书馆大量建设的今天，在遵守数字资源建设的效益性和保障性等原则的同时，应当向跨区域和跨系统资源整合方向发展，进而能够发挥不同资源体系的优势作用，建立高度共享的数字资源保障体系。

二、编——数字资源组织与整合

随着数字资源的迅猛增长，图书馆需要充分整合海量数字资源，为广大用户提供更大的便利性。

（一）数字资源描述体系

资源描述体系是图书馆资源组织中最重要的部分，就目前我们身处的这个信息资源大爆炸的社会来说，我们缺少的不是资源，而是能更好地满足用户需求的资源。这就要求图书馆把数字资源更好组织与描述出来，能让读者最方便地查找到自己需求的信息资源。

目前，图书馆最基本的资源描述体系包括以下三种。

1. 以 MARC 格式为基础的编目体系

就目前来说各馆对各种文献信息资源主要有两种最基本的 MARC 编目格式，西文文献资源主要使用 MARC21 格式，中文文献资源则使用 CNMARC 格式。

2. 以 Dublin Core 为基础的元数据应用体系

建立 DC 元数据的目的是建立一套描述网络电子文献的方法，以便于网络信息检索。DC 元数据是由 15 个元素构成的、使用稳定的核心元数据集，可以描述大部分的资源。

3. 以其他形式的元数据为辅的元数据应用体系

随着数字资源的发展，元数据标准呈现多元化的发展趋势，除了 DC 元数据以外，国内外针对不同领域、不同资源、不同应用已有多种元数据规范存在。

(二) 数字资源整合

面对海量数字资源的大环境，读者需要更深层面、更细粒度、更小单元的资源揭示，更先进全面的信息查找、定位和获取目标信息的一站式服务，因此需要对数字资源进行整合揭示。

数字资源整合是充分利用多元化的技术方法或工具优化和完善图书馆内部各项独立的数字资源，对各个相对独立关系进行融合、类聚和重组，重新结合为一个新的有机整体，形成一个效能更好、效率更高的新的数字资源体系。

目前，图书馆关于数字资源整合的模式主要有以下四种：

1. 基于 OPAC 系统的数字资源整合

一般图书馆的书目数据库只是向读者展示了其印刷型的文献信息。如何优化和完善 OPAC 系统，确保广大读者能够熟知和把握数字图书馆的所有馆藏资源，是当前图书馆研究的重点问题。现阶段多数图书馆的做法是对数字资源进行编目，将其 MARC 记录加入 OPAC，把数字馆藏纳入到目录控制体系。

2. 基于资源导航的数字资源整合

基于资源导航的整合也就是通过数字资源的 URL 建立数字资源导航系统，图书馆根据实际应用需求，在庞大的网络上搜集与专业或主题相关的信息，进而对这些信息进行筛选、辨别和整合，进而形成更具专业性的信息资源组合。如：CALIS 重点学科导航系统、中科院学科信息门户等都是将学科信息、学术资源等按学科门类集中在一起，实现资源的规范搜集、分类、组织和有序化整理，利用多个路径给出导航信息，为用户查询和使用相关信息资源提供便利。

3. 基于跨库检索的数字资源整合

图书馆往往针对内部自建数据库和外购数据库设置了不同的检索入口，用户不能快速有效地找到所需资源。为了排除这一问题，图书馆应当设立统一检索入口，即能够在不同数据库之间实现统一检索，用户仅需登录一次，就可以同时检索多个数据库。

4. 基于元数据的数字资源整合

所谓元数据就是数据的数据，也就是对数据进行描述的数据。提供了各种资源的特征和属性等相关信息，能较好地解决信息资源的描述、发现、定位与管理，基于元数据的数字资源整合是实现图书馆文献信息资源共建共享体系的关键，在信息发现、信息检索和信息组织等各方面，元数据都起着十分重要的作用。

三、阅——数字图书馆服务

（一）数字图书馆服务概述

魏大威主编的《数字图书馆理论与实务》一书中，将数字图书馆服务归纳为：数字图书馆服务是现代图书馆服务的重要构成部分，利用现代新兴技术并借助网络载体提供数字化馆藏资源，进而能够为用户提供检索、查询以及其他相关利用服务的信息服务模式。

从实质上看，数字图书馆实际上是一个平台或者渠道，又或者是一项应用工具，数字图书馆应当在传统图书馆的基础上进行数字化和信息化改造，以全媒体技术为支撑进行创新，应当将传统图书馆的各项服务项目及对象涵盖在内。从这个角度来说，数字图书馆的服务应该能够拓展图书馆服务渠道，使用户能够通过更加便捷的方式随时获得图书馆的资源；能够延伸图书馆服务范围，形成为立法决策机关、教育科研及企事业单位、社会公众、图书馆和信息机构服务的多层次格局；能够深化图书馆服务内容，实现数字资源的无缝传递和服务；能够提升图书馆服务质量，为社会公众提供现代化、个性化、多样化的服务。

（二）数字图书馆服务内容

数字图书馆应当基于不同的服务对象、馆藏资源以及基础设施建设等情况，借助互联网、广播电视以及移动通信等多种载体提供不同服务，由此尽可能地创造用户服务价值。

1. 以深化服务内容为核心的信息化服务

深化图书馆服务内容的关键在于为读者提供更为便捷化的资源信息获取方式，同时将元数据、馆藏数据、目录数据以及专题数据库等各项资源检索工具集中统一起来；利用不同方式提供线上资源查询和提取服务，在拥有相关版权的基础上允许用户全文下载。同时借助互联网这一强大载体确保不同的馆际之间能够实现互借和文献传递。

2. 以提升服务质量为核心的智能化服务

数字图书馆应当借助创新性的理念和技术为广大到馆读者提供更为便捷化和智能化的借还、办证、阅览等服务，同时能够实现自助复制、触摸屏电子阅览以及智能架位等更多优质服务，同时能够利用线上满足未到馆读者在线查询、学习、认证、展览以及参与讲座等多样化服务、

3. 以拓展服务渠道为核心的新媒体服务

随着信息技术的不断发展，尤其是广播电视网和移动互联网技术的广泛应用，以及手机、平板等各类新媒体终端的出现，让人们拥有了更多信息获取媒介。数字图书馆需要借助互联网进一步开发渠道，为用户提供更多新媒体服务，比如数字电视以及移动数字图书馆等。

4. 以延伸服务范围为核心的多层次服务

数字图书馆的服务应对社会普遍开放，数字图书馆服务应该是多层次的。就立法决策机关而言，其重点在于建构与政府信息公开以及法律相关的信息资源库，借助互联网打造现代化立法决策服务平台，能够为广大用户提供更为智能化的信息咨询服务；对于广大企事业单位以及科研院所而言，其重点在于专业化的舆情检测、信息分析和虚拟参考咨询等服务领域；同时还要积极关注残疾人的信息需求，能够排除其信息获取领域面临的各类障碍；而对于广大青少年儿童，应当确保所提供的数字资源和服务与其年龄特征及需求相适应。

5.以合作共建共享为核心的网络化服务

数字图书馆的服务等同于一个网络体系。而图书馆仅仅是信息社会下提供某项服务的主体之一，面对社会中普遍的信息用户，图书馆应当积极主动地与其他服务主体展开跨界合作，共同开发编制联合性的编目、目录、馆藏及咨询等，通过联合协同作业，建构全社会性的服务网络。

(三)**数字图书馆服务策略**

目前各馆在提供数字图书馆服务的过程中，呈现出一些不足之处，主要包括服务平台没有统一规划，读者使用困难；服务理念缺乏创新，缺乏前瞻性研究；从事数字图书馆服务的图书馆员经验欠缺等。我们认为数字图书馆在服务设计、提供中应重点考虑如下策略：

1.**整体性策略**

要统筹规划图书馆的各项服务，通过统一的用户界面和接口提供全面服务，充分发挥数字图书馆的优势，突破地域和时间限制，最大限度地方便服务对象。

2.**创新性策略**

开展前瞻性的研究，推动数字图书馆的服务创新，通过技术创新，发展和开拓丰富多样的服务。

四、藏——数字资源保存

(一)**数字图书馆资源保存**

信息化时代，数字资源实际已经成为国家的战略资源、数字资产。在诸多情形下，相比物质资源，数字资源具有更明显的脆弱性和易损坏性，并且它们的载体面临着更大的淘汰危机，因此应当尤为重视数字资源保存。

数字资源保存的目标是维持数字资源长期的可生存能力、可呈现能力和可理解能力。数字资源的存储介质主要包括磁盘、硬盘、光盘和磁带。

（二）数字资源的保存策略

数字资源总量庞大，需要海量的存储介质，保存成本较高；数字资源建设目的不同，决定了数字资源保存的策略也应该不同。因此需要制订数字资源的保存策略。

根据数字资源保存和利用的不同特点，一般把数字资源划分为三类保存级别，即长期保存级、不定期保存级和临时保存级，以分别满足数字资源当前与长期利用的需要。根据保存级别制订相应的保存策略。

1. 长期保存级数字资源保存策略

需要长期保存的数字资源主要指向馆藏的所有元数据、独具特色的数字化资源数据库、关键性中文网络资源、取得永久保存授权的中文资源数据库以及国外相对重要的工具类数据库等。而这些数据基本上是以磁带和光盘作为保存载体，并且至少保留三份备份。对异地和离线保存的数字资源，定期对磁带和光盘进行检查、复制、转换等日常管理维护工作。

2. 不定期保存级数字资源保存策略

对于暂时无法确认是否有必要永久保存的数字资源，以及在当前具备保存价值而未来极有可能丧失这一价值的数字资源，将其列为不定期保存级。不定期保存的数字资源主要包括网络发布的所有数字资源。此类数据往往保留1~2份备份；在一定时期内往往会参照相关标准上升至长期保存级别，同时按照相应级别要求进行备份。

3. 临时保存级数字资源保存策略

如果在线服务的数字资源出现了损毁或丢失现象，为了确保能够实现立即恢复正常，应当确立为临时保存级。临时保存资源一般包括发布与服务的数字资源，带有对象数据链接的元数据资源以及从资源供应商中获取的镜像数字资源。对于在线资源，一般可考虑三个层次的存储策略，一是数字资源发布与服务系统的存储，二是本地的数字资源存储管理中心的存储，三是异地的灾难备份中心的数字资源存储。

五、数字图书馆的支撑

数字图书馆建设与服务的支撑系统包括标准规范、软硬件技术平台和政策制度体系。

（一）标准规范

数字图书馆是在网络环境下建立的数字资源采集、加工、描述、管理、服务和保存的系统，其最终目的是要实现数字资源的广泛存取与最大化共享。标准规范作为数字图书馆建设的基础，是开发建设共享资源的基本前提，也是确保数字图书馆的各项资源服务能够在数字信息环境下实现可利用、操作并长足发展的必要保障。

建设数字图书馆的关键在于建设数字资源，基于数字资源生命周期的数字资源建设标准体系，目前已被许多数字图书馆项目所应用，此项标准体系主要包括创建数字内容、描述数字对象、组织和管理数字资源、提供数字资源服务以及长期保存数字资源等几大方面的标准规范。

（二）技术支撑

建立数字图书馆工程是一项庞大的工程，在建设数字图书馆过程中要认真思考，重点解决数字图书馆的关键技术和技术体系结构问题，尤其是技术体系结构中的各应用系统的实现。同样要注意数字图书馆建设中的任何一个细节问题，只有这样才能建成一个现代化的、方便快捷的数字图书馆。

数字图书馆涉及诸如：文献数字化技术、网络技术、数据挖掘、搜索引擎技术、VPN 技术、Raid 技术、用户接口设计等许多新的、较复杂的技术。

第三节　国外数字图书馆建设特点和运行模式

一、国外数字图书馆建设特点

（一）严格规划，分工协作

国外的数字图书馆建设都十分重视规划和协调，都集中了一大批理论、应用、产业及市场的有关人士，经过了缜密的计划。项目的承担者包括各地的高校、图书馆、出版社、政府机构、IT产业的研究人员和用户。以"美国数字图书馆启动计划"为例，其核心为研究中的协作关系，确保其中的研究者、开发商等，与用户之间构建良好的协作伙伴关系，是项目成功与否的重要标志。在项目实施过程中，此种协作性具体表现在参与机构和部门的协作性方面。数字图书馆计划是由高校作为领头羊，联合各大图书馆、研究机构、学术团体等所构成的数字图书馆战略同盟。他们不但在知识、技术上互通有无，同时在人力、物力、财力等方面也互相给予支持。尤其是美国部分知名企业的加盟，更是为计划的顺利实施提供了充分保障。以上机构不但全程参与数字图书馆建设，同时还推动了新成果的产业化、商品化和市场化。从另一角度来说，数字图书馆的建设，充满着复杂性与艰巨性，若缺乏多学科与多方面的精诚合作，则很难在数字图书馆研究方面取得理想成果。1995年，以美国国会图书馆为首的15个图书馆，和美国国家档案、记录管理局等机构，共同建立了美国国家数字图书馆联盟（DLF），致力于开发反映美国历史与科技文化成就的数字式资源库以及分布式数字图书馆系统，与全球互联网用户共享。1996年，DLF确定在以下三个方面开展工作：数字式信息的发现与检索、知识产权管理及提供数字式信息所需的经济模型、数字式信息的归档。数字图书馆联盟可以从宏观上对各研究项目进行协调和控制。这不但表现在所涉及的学科与专业领域方面，还表现在对具体技术与问题的解决上，以此来确保研究效益的最大化。

（二）研究涉及面比较广

如美国数字图书馆的 DLI-2 研究中涉及政治、经济、语言、教育、历史、数学、生物、医学、地球和空间科学等多个学科领域，研究领域分布广，凡是在美国国民经济中有着重要地位的学科领域几乎都涉及了。这意味着数字图书馆的涉及面非常广泛，应用前景十分光明，并非仅仅是图书馆功能的单调重复。研究内容涵盖了信息的创造、检索、利用、保存及保护等，基于各阶段特征，制订了相应的研究重点，各研究结合起来，即构成了一个完善的数字图书馆系统。美国数字图书馆启动计划中的分学科与研制技术上的分侧重点的做法，有效确保了研究的全面与深入。且各部分组合起来又能够构成一个完善的系统整体。此种分合模式充分表明数字图书馆工程为一项综合、系统、复杂且庞大的工程，若仅仅凭借某一方的力量显然无法实现，其不单单是传统的技术分析，而是涉及更多方面的系统探究。

（三）研究的重点各有所异

世界各国的数字图书馆研究可以分成三类：技术主导型、资源主导型和服务主导型。美国国家科学基金会资助的项目充分彰显了技术主导型特征；日本在美国国会图书馆的影响下，总体呈现为资源主导型；而欧洲国家则表现为服务主导型。国外的数字图书馆研究多数已通过试验阶段，不再以宽泛的技术研究为中心，同时也不再注重建立数字图书馆模型，而是利用各种技术建立综合的数字图书馆。以美国的 DLI-2 为例，其始终强调"以人为中心""以系统为中心"，旨在全力激发与挖掘数字化信息资源的潜能，建立可行的数字图书馆系统，从而为用户提供全面且高效的服务。

（四）投入的资金量较大

以美国数字化图书馆项目计划为例，从 1994 年到 2000 年，投入达 3.64 亿美元。再以"美国记忆"项目为例，预算达 6000 万美元，其中，1/4 由政府出资，而其余 3/4 则向社会力量诸如私人企业、公司、基金会、及个人等进行筹集。除此之外，国会图书馆又投资了将近1200万美元，到2000年，成功实现了对500万件文献资料的数字化。再以德国为例，到目前为止，已向信息发展领域投入了将近19亿欧元，其中，投向电子图书馆的资金约为3亿欧元。

（五）注重基础设施的支持

凭借分析国外关于此领域的发展经验可知，数字化图书馆是基于电子化图书馆网络所不断发展的，因此，离不开坚实的网络基础。因为数字图书馆需借助网络，才能发挥其卓越的信息交流功能，所以只有依靠基于现代计算机与网络技术的图书馆网络，方可为数字图书馆的发展打下坚实基础。

二、国外数字图书馆运营模式

关于国外数字图书馆的运营模式，非常多样，常见的有国家和基金会投资、专业机构投资、企业投资等；不但囊括资源的免费存取，还涉及市场化运营，大致内容如下。①国家投资：因为数字图书馆可谓国家信息设施建设的基础，通常国际上重要的数字图书馆项目均由政府斥资建造。各国的重要数字图书馆项目通常组织国家级的资源单位，以美国国家图书馆为例，其把资源精华媒体历史资源库，发展成数字式资源库，再以美国国会图书馆的"美国记忆"项目为例，美国国会就出资了1500万美元。②基金会资助：从某种程度上而言，基金会、私人团体的资助可谓数字图书馆项目建设的重要资金来源，再以美国的"美国记忆"项目为例，部分经费是由AT&T电话公司、柯达公司、福特基金会等私人企业、基金会、及个人等所资助的。再以英国"电子图书馆"计划为例，英国高等教育基金给向其投资了1500万英镑，作为启动资金。③专业机构投资：专业性数字图书馆计划项目通常对特色专业馆藏实施数字化，以美国计算机协会（ACM）为例，其于1996年就着手建设数字图书馆，提供ACM期刊与会议记录的全程访问，并采取市场化运营。

第四节　我国数字图书馆建设及特点

自从数字图书馆概念被提出至今，国内外关于此方面的认识出现了翻天覆地的变化。因为网络、信息技术的快速发展，数字图书馆远远不能止步于文字图书的数字化。若不将思想彻底解放，依旧桎梏于传统图书馆的数字化，那么数字图书馆建设一定会走弯路。

基于宽带网的数字化，可谓开拓了互联网发展的全新道路，同时也开拓了数字资源建设的新前景。在数字化领域，声音、文字、图像、人机结合可谓统一体，传统的图书馆、博物馆及媒体等不同机构，均会出现根本性变化，可以预见的是，数字图书馆必将成为数字资源的储藏库，同时也是发布点与交流点；数据会被广泛应用、交流与增值，从而在全社会中自由流动。所以，基于内容与实际应用需求的不同，数字资源中心既可建在政府机构中，也可建在学校中，甚至建在企业与社会团体中。进而站在这一角度来说，数字资源建设不但会从根本上改变传统图书馆，还可能会引发一场社会革命。

由于种种因素的制约，我国对数字图书馆的研究起步较晚，直到上世纪 90 年代中期才开始，国家科技部于"863"项目中专门制定了"中国国家试验型数字式图书馆计划"，这意味着我国数字图书馆建设的正式启动。之后，国内各大图书馆与高校图书馆，诸如国家图书馆、上海图书馆、清华大学图书馆、北京大学图书馆等展开合作，展开了相关项目研究，为全面推动数字图书馆建设打下了基础。发展至今，我国数字图书馆建设取得了举世瞩目的成就。

一、我国数字图书馆的发展建设

(一) 中国数字图书馆工程

"知识网络——数字图书馆系统工程" 1998 年立项，2001 年 3 月验收。由国家图书馆与中科院计算所合作完成。完成了数字图书馆体系结构的设计与开发，实现了网络管理、多媒体信息查询与检索、海量信息的存储与检索、知识产权的权限管理等多种功能，建成了基于 SGML/XML 的以中文资源为主的维护和发布系统，建立了一套基于内容实用的数字资源加工系统，该系统可支持从单加工用户到大规模加工用户的联机事务处理，适用于由文本、图片、音频、视频四种资源类型任意构成的多媒体数字资源加工。并完成了五个规模型多媒体资源库建设，实现了跨库联合检索。系统实现了可扩展性、可互操作性、可在互联网上运行，完全具备技术可行性，满足了国际数字图书馆先进技术接轨的要求。

关于中国数字图书馆工程，其可谓一个非常宏大的系统工程，具备跨地区、跨部门、跨行业等特征，此工程的总体目标为：基于宽带网构成超大规模的、高质量的中文信息资源库群，以支持国家整体创新体系的构成和发展。就资源库建设而言，其可谓数字图书馆建设的核心，其大致思路如下：先建设急需急用与容易的，再啃下硬骨头，总结来说，就是先易后难，先小后大；以大文化为基础，辐射整个文化建设，以构建一个全面的知识宝库资源库系统。关于技术方面，采取和国际同类主流技术相靠近的方案，比方说，采用标准通用标记语言、统一资源名称等，一丝不苟地遵守相关标准，采取统一的总体框架和子项目相结合的方式进行实施，采取分布式面向对象的软件技术，结合国内自行开发和引进国外先进成熟技术的方式，来提供全面且灵活的网络连接方式，从而向用户提供全面的数据查询和检索服务。

（二）国家科技数字图书馆

2000 年 6 月，"国家科技图书文献中心"（NSTL）组建，此中心主要由以下机构构成：中科院图书馆、工程技术图书馆、中国农业科学院图书馆、中国医学科学院图书馆等。其为一个虚拟式的科技信息资源机构，中心下设办公室，并在中心主任的领导下开展工作。其宗旨是基于国家科技发展需要，严格遵循"统一采购、规范加工、联合上网、资源共享"的原则，来采集、整理关于理、工、农、医等各学科领域的文献资源，以期向全国提供数据服务；为积极推动我国科技文献的基础建设与数字化图书馆事业的发展，我国政府采取了一系列科学决策，大胆进行技术创新，开展人才培养，从而为参与国际竞争提供充分的保障。其中比较具有代表性的有：由国家科技图书文献中心所设计的"国家科技文献资源网络服务系统"，其为一个共建共享的网络化信息服务系统，基于分布加工数据、集中建库、集中检索、分布服务等原则，凭借互联网这一途径，来向各用户提供高效充分的信息服务。NSTL 已于网站上开通了外文科技期刊、会议论文、科技图书及中文会议论文等数据库，囊括了约万种外文期刊和其他类型文献。全球各地的网络用户都能够免费检索此网站上的数据库，中心成员单位也有权收藏全文，各用户可不受限制地检索全文。

（三）中国高等教育文献保障体系

就中国高等教育文献保障体系（CALIS）而言，其可谓我国高等教育发展的基础，此项目于 1998 年 11 月启动，其建设目标为：旨在建立一个具有中国特色的现代化文献信息服务系统。其以中国教育和科研计算机网（CERNET）为基础，遵循"整体规划、合理布局、相对集中、联合保障"的原则，大致建立了 CALIS 的基本框架，有效实现了我国高等教育资源的合理优化配置，极大地推动了信息资源的共建、共知、共享，显著提升了高等教育与科研的文献保障水平。CALIS 管理中心设立在北京大学图书馆，截至当下，已建成集全国中心、地区中心、成员馆为一体的三级网络结构。而参与 CALIS 建设的主体为当时的"211 工程"高校，此外，其他有条件的高校也都参与了子项目的建设，有效确保了 CALIS 系统的建立。CALIS 在国内第一次实现了网络环境下的实时联机合作编目，形成了学科与文献类型最广的联合目录数据库，可谓实现了对各学科的数字化信息资源覆盖。除此之外，引进的数据库学术水平较高，电子资源的品种也非常多样，极大地降低了各高校与国家关于文献方面的成本，构建了我国所特有的重点学科专题库、数据库与导航库等。

（四）中国试验型数字式图书馆计划

中国试验型数字式图书馆计划，参与主体较多，主要有国家图书馆、上海图书馆、南京图书馆、深圳图书馆等，不仅注重技术的引进，同时还注重资源数字化，以期构建一个在内容与技术上具备一定意义的数字图书馆原型，凭借覆盖全国的数字通信网，再基于快要建成的"金图工程"，向全国甚至全世界用户提供优质的网络服务，从而为我国更大范围地开展数字图书馆工程建设奠定基础。最终此计划取得了较为卓越的成果，即在我国构建了一个可互操作、可扩展、分布式的试验型数字图书馆，部分方面已达到国际水平，一些项目成果更是达到了国际领先水平。其中比较具有代表性的是设计出了一套通用的数字图书馆系统，在国内率先构建了一套通用的数字内容资源加工系统，建立了跨地域、多馆合作的网络资源建设体系，建成了满足各地数字图书馆资源建设要求的、可互操作的数字资源库群，总体覆盖了全国七个省市，并于网络上实现了高效运行。

1996 年，"中国试验型数字式图书馆"正式立项，1997 年，国家相关部门正式批准此项目，并组建项目组，2001 年 5 月通过验收。此项目开创了一类多馆合作的新型网络内容资源建设与共享体系，最终建立了一个基于分布环境与藏品建设的数字图书馆应用系统。此系统功能非常完善，可谓全面覆盖了内容资源从采集加工、处理、管理调度、资源发布及利用的全过程。不仅如此，此项目还实现了系统构架的构建，设计出了全新的数字资源加工系统、调度系统、资源发布系统及用户界面等。通过此系统，在网络环境下用户实现了页面级的无缝跨库检索和链接。通过以上技术，此项目已大致构建了一个数字图书馆系统。发展至今，此系统涉及范围非常广泛，涵盖了旅游、名人、军事、大百科等数字资源库，构建了相应的元数据集合。

（五）教育部数字图书馆的"九五"攻关项目

此项目的参与主体较多，主要有北大、清华、华南理工、上海交大等院校，主要任务是分析数字图书馆的结构、设计检索机制和制定相应的标准规范，以构建一个完善的图文信息联合导读学习系统、数字音乐图书馆模型和一个小型的数字化视频数据库示范系统。其中，清华大学和 IBM 公司共同开发出了具有我国特色的数字图书馆系统，凭借网络技术，为用户提供便利且高效的服务，以期全面提高图书馆各类功能。此外，华南理工也成功开发出了视频数字化图书馆系统。而上海交通大学正在积极研发一个数字化现代图书馆模型，成功将学校图书馆馆藏文献的 30% 实现了数字化处理，涵盖联机目录、电子参考书、电子杂志、会议录、计算机软件等。

（六）中国知识基础设施工程（简称 CNKI）

1999 年 6 月，中国知识基础设施工程（CNKI）正式启动，此次项目涉及了众多机构与高校，主要有清华同方光盘公司、中国学术期刊电子杂志社、清华大学光盘国家工程研究中心等。可以说，CNKI 为一项涉及面非常广的系统工程，其设计内容涵盖了以下方面：知识信息资源数字化建设与挖掘、网络数据存储和知识网络传播体系、知识仓库建库管理与发布系统等方面。除此之外，CNKI 还计划引进国外重要的数字化信息资源，包括期刊、会议录、文献、专著等数字化资源，最终构建一个网络研究院，主要任务是推动"创新知识资源全国共享行动计划"的贯彻落实，不断完善期刊全文数据库，推出全文数据库的引文链接版，尽可能强化网络建设，并尽可能通过各种途径，来扩大信息服务范围。在 CNKI 中，最具代表性的是中国学术期刊光盘版与中国期刊网，随着时间的推移，到目前期刊网入网期刊增加到 6000 余种，已成为全球最大的期刊文献数据库。CNKI 选择在全国构建检索咨询站、网上包库、镜像站点等方式，来向用户提供服务，构建了产业化、系统化的知识信息服务体系。

（七）万方数据资源系统

1997年8月，万方数据资源系统在互联网上正式对外提供服务，发展至今共由以下三部分构成：即科技信息子系统、商务信息子系统、数字化期刊子系统，以对所有用户群提供相应的信息服务。关于科技信息子系统，主要面向广大科技工作者和高校、图书馆、科研单位等机构提供服务，而文献资源共涵盖专业文献、会议论文、学术论文等37个数据库。商务信息子系统，制订了一系列的工商资讯、经贸信息、成果专利、商贸活动、在线交易等栏目，旨在面向所有工商、企业等用户群提供有效服务。

最后就期刊子系统而言，其源于我国所开展的"九五"重点科技攻关项目——"数字化图书馆示范系统"，其采集了超过2000种的科技期刊内容。万方数据公司可谓我国最早在互联网上提供免费电子期刊全文服务的企业，目前在全国各省市共建有数百个服务中心。其主要存在以下突出特征：技术平台开发能力强、自建数据库多、网络经验模式独特等。

（八）中关村科技园区数字图书馆群

中关村科技园区数字图书馆群软课题研究，北京市信息化办公室项目，于1999年7月正式立项，2000年12月正式完成。很多机构与单位参与了此次项目，主要有国家图书馆、中科院网络中心、中科院文献情报中心、部分高校图书馆、CALIS管理中心等。

（九）辽宁省图书馆与IBM合作的数字图书馆项目

辽宁省图书馆可谓我国首家开启数字图书馆建设的图书馆，其借鉴了IBM数字化图书馆解决方案，可以说是IBM数字图书馆软件方案在我国的第一家商业用户。其旨在实现对所有在馆文献资料，采取数字化处理，并经由互联网进行保存与发布、借助多媒体阅览室和视频点播（VOD）加以点播，以确保资源的充分共享与流动。

二、我国数字图书馆建设的特点

（一）我国数字图书馆运行模式

主要有下面几种类型：

（1）国家和有关机构负责投入，同时免费向使用者开放。中国试验型数字图书馆便是这一类项目的代表，它成功取得了国家计委的批准立项，对有关馆藏进行数字化处理，并向市场免费投放。1998 年，在获取国家计委的正式批复之后，CALIS 对外宣告启动。

（2）国家和企业联合投入，引入了市场化运作模式。较具代表性的如中国数字图书馆有限责任公司，其大部分股权掌控在国家图书馆的手中，在经营上引入并应用了股份制，经由不同形式和途径完成了首轮融资。

（3）企业投入，市场化运行。较具代表性的如超星数字图书馆，基于易用、经济原则向市场先后投放了若干种数字图书格式，自主开发了包括专用阅读软件在内的多项先进技术，还向有需求的用户提供了超星读书卡，而用户可通过它进行借阅、付费等操作。中国知识基础设施工程实施期间，围绕 CNKI 数据库版权协议如何制定的问题进行研究，最终借鉴国际惯例，成功引入了开发用户数调价模式，在保障开发方、持有方知识产权方面发挥出了相当积极的作用。

（二）我国数字图书馆的研究力量

在研究力量方面，主要由三大块构成，除图书馆界之外，还包括有关的科研单位及商业组织，其中图书馆界居于核心位置。图书馆的优势集中体现在保有大量的文献资源，同时还拥有相当成熟的传统服务手段，然而其弱项也很突出，即科研力量薄弱，经费也有限。我国关于数字图书馆的了解还不全面、深入，依旧没有超出图书馆的范畴，若想最大化地发挥出此类图书馆的效能尚有相当长一段路要走。纵观国内数字图书馆的研究现状可知，其面临协作机制严重匮乏的问题。该研究是一项系统工程，不仅涉及跨学科问题，同时还涉及跨行业问题，颇具复杂性，因而离不开相关各方的有机协调和通力合作，只有付出相当大努力，才能取得较理想的成果。然而因缺乏强力组织的全局式引导和安排，相当部分单位未能清醒认识到该研究的难度，空有建设热情，打造了很多低水平的项目，且存在严重的重复建设问题，导致原本便不充裕的资金出现了不必要浪费。

（三）资源数字化是研究的重点

以数字化信息资源为对象加以研究是现阶段我国进行数字图书馆研究时面对的一个重点，在前文介绍的那些研究项目中均涉及一定资源数字化问题，在打造现代数字图书馆的具体操作中也需建设与之高度契合的资源数字化系统。基于需要，部分机构还设计和推出了元数据格式，如清华大学负责推动的建设元数据项目。

（四）目前存在的主要问题

就现状观之，我国对数字图书馆建设缺乏足够关注，暴露出投入不足的问题。投入机制有待完善，持续时间长，见效不快，导致该类建设暴露出连续性不足、系统性偏弱的问题。所以，应当打造一个具有多元化特点的、稳定的投入体系。在推动数字图书馆建设的过程中，国家投入是必要的，同时各级地方政府的扶持、相关组织的投入也是不可或缺的。在政府投入这一块，需要出台与之契合的法律法规，赋予该方面的投入更为理想的稳定性。另外，政府也需颁布配套法律，引入相关企业乃至个人参与其中，循序渐进地打造涵盖不同主体的、具有多元化特点的、稳定的投入体系。纵观我国现阶段的数字图书馆信息资源建设可知，尚未基于全国视角形成一个广覆盖的宏观规划，导致信息资源建设呈现出各自为战的特点，进而带来了诸如重复建设之类的多种问题。配套标准有待厘清和健全，如何进一步落实宏观管理工作尚需努力。

第五节　数字图书馆的发展趋势与方向

一、数字图书馆的发展趋势

（一）从基于数字化资源向基于集成服务和用户信息活动的范式发展

纵观数字图书馆的成长史可知，其可被归纳成下述阶段。第一代数字图书馆主要在特定文献资源数字化的基础上建立数字信息资源系统，它们往往作为独立系统嵌入到传统图书馆系统或上层机构信息系统中，将跨时空检索和传递特定数字化资源作为其主要任务，可称为基于数字化资源的数字图书馆。第二代数字图书馆致力于支持分布的数字信息系统间的互相操作，支持这些系统间无缝交换和共享信息资源与服务，由此构造集成信息服务机制，形成基于集成信息服务的数字图书馆。这一代数字图书馆不再以文献数字化和具体数字资源库建设为核心，而主要是面向分布和多样化数字信息资源，通过服务集成构造统一的信息服务系统，将形成与传统图书馆不同的新系统形态和组织形态，是目前数字图书馆研究、开发和应用试验的主要形态。第三代数字图书馆将围绕用户信息活动和用户信息系统来组织、集成、嵌入数字信息资源和信息服务，从而更直接、深入、有效地支持用户检索、处理、利用信息来解决问题的全过程。因此，以用户信息活动为基础的第三代数字图书馆是今后的发展方向。

（二）数字信息存储的全息化

随着数字图书馆建设的持续推进，资源数据的体量愈发庞大，给存储空间带来了相当大的压力。数字图书馆中涉及的是海量的多媒体信息资源，在将它们保存到数据库之前必须进行压缩，以降低数据库成本，使数据库规模保持在可管理的范围内，所以需要着重研究能够适应快速访问的海量存储技术。从全球视角观之，但凡冠以"数字图书馆计划"之称的，其数据存储量均是惊人的，称其海量规模也不为过。随着全息数字化技术的诞生，再加上多种新型压缩技术相继投入使用，为数字化资源的存储带来了极大利好，即实占空间有所减少，在存储设备上的花费也少了很多，特别是全息数据存储技术，因能提供相当可观的存储容量、惊人的传输速率以及迅捷的访问响应，为当下日趋多元的网上服务需求提供了有力支撑。可预见的是，该技术将会在未来的数字图书馆建设领域做出巨大贡献，通过该技术得到的数字化资源全都是通过全息方式生成的，而非传统的扫描处理，一方面没有破坏文献信息的完整性，另一方面还添置了包括检索在内的若干实用功能。

（三）多种资源的高度集成，易用性更强

多种资源的深度融合也是数字图书馆发展的一个基本特征，目前的数字图书馆资源种类绝大多数仍然以传统的书报刊等印刷版资源数字化为主，将来会扩展到音像制品、多媒体等资源。这些资源不只是简单地堆积到一起，而是进行了高度的集成和深度的融合。读者输入一个检索词，可以将各种各样的资源全部检索出来，阅读器是能够浏览、播放各种资源的超级阅读器。数字图书馆更具人性化和易用性。信息导航技术、知识管理技术、全文检索技术、跨平台技术、智能检索代理技术以及推送技术的广泛应用都促使数字图书馆更加贴近用户，能够为广大用户提供更为便捷、高效的服务。

（四）数字化技术进一步完善

数字图书馆建设是一项系统工程，需应用到包括计算机在内的多种技术，而就现状来看，计算机等技术正处于快速发展之中，这无疑是一个利好消息。数字图书馆需要涉及网络通信、多媒体信息处理、信息的压缩与解压缩、分布式信息处理、信息安全、数据仓库、基于内容的智能检索、超大规模数据计算、用户界面等多种技术。对于数字图书馆而言，传输网络化是它的一个重要特征，这提出了打造高效率的信息传输通道的要求，如此才能为用户快速检索、查看、下载相关信息提供支撑。就现状来看，

数字化技术依旧走在持续完善的道路上。

（五）标准化建设取得较大进展

在推动数字图书馆朝着资源共享的方向迈进时，应加强标准化和规范化建设，这是前提，也是根本。分析数字图书馆建设可知，其涉及多种知识，另外还牵扯到各种各样媒体信息的数字转化问题，因而极大地提高了组织的门槛；不同单位购置了不同的软硬件，无论是规格还是品牌都是五花八门的。需要对多方力量进行有机整合，搭建起高效互通网络，奠定资源共享的基础，确保管理工作从容展开，基于技术管理层面观之，核心之处便体现在做好标准化工作。只有做好标准化建设，才能将分散各处的信息资源经由大家都认可的格式进行有机组织，一方面对齐国际网络标准，另一方面要能为不同单位的便捷使用提供支持，建设成具有良好整体性的信息资源。总之，标准化极为关键，是建设数字图书馆的基础性支持。

二、数字图书馆建设的方向

（一）加强数字图书馆建设的战略管理

数字图书馆建设有着相当敏感的身份，是国家信息基础设施建设体系的关键部分，再加上会应用到多个领域的知识和技术，还要面对管理及服务等方面的大量问题，所以一方面要基于技术视角进行微观研究，另一方面还需基于决策视角展开宏观探讨。数字图书馆是一项系统工程，涉及多个部门，横跨了多个行业，所以需政府站出来主持全局，进行统一规划和落实。若想经由互联网为广大用户奉上全面、精准且迅捷的信息服务，则一定要在信息资源的规划上多下功夫。为找准建设方向，确保项目最终能够收获可观效益，规避技术引入失当的问题，应当基于战略高度去推动和保障数字图书馆建设，尤其要着重解决好一些宏观关系问题，比如如何确保数字图书馆和传统图书馆之间的良性共存，如何兼顾技术的先进性及其适用性，如何进行馆际协作及其资源共享等。总之，需要做好整体规划工作，针对具体事务的可行性予以严谨分析。

（二）加强特色化数字资源建设

在建设数字图书馆的过程中务必要将信息资源建设工作落到实处，数据库资料的重要性不言而喻，是数字图书馆不可或缺的信息来源，一定要重点落实好对数据库的建设，防止出现网络中找不到信息源的问题。需具备全局视角，科学筹建文献信息资源库并加以妥善运用，应脚踏实地，实事求是，切不可想当然地求新、求全、求高，要在资源共享方面多下功夫，尽量规避重复性建设，减少资源的不必要浪费，应结合本馆的客观实际，同时具备面向全球的胸怀，打造属于自己的特色。在服务对象上，数字图书馆不仅要为到馆用户提供服务，更需为经由网络进行访问的用户提供服务，所以做好主页设计工作尤为关键。应当深度发掘和利用好既有的信息资源，形成特色鲜明、便于使用的数字资源，为那些高层次用户的有关需求提供有力支撑。在推出个性化服务的同时，还需在深度发掘和利用好信息资源方面做足功夫，两相结合才能为数字图书馆打造出更为强大的核心竞争力，为其长久发展提供有力保障。

（三）加强数字图书馆建设的合作与协调

纵观数字图书馆建设可知，它是一项系统工程，需多个部门和不同学科的通力合作，只有基于全局视角进行统筹规划才能将该建设真正落到实处。在技术方面，应积极引入国际上处于前沿位置的技术，同时结合自身实际，最终打造出特色鲜明的、高效运行的数字图书馆。数字图书馆建设需要计算机界、软件工程界、通信网络工程界及其他领域结合成一个战略同盟。美国数字图书馆研究走的共同协作路线是值得借鉴的，在推进数字图书馆建设时，仅仅靠政府出力或图书馆自己单打独斗是不可取的。所以，图书馆界需要在充分履行建设主体职责的同时，还需和包括信息技术界在内的多个领域构建起良好关系，通过不同途径夯实资金基础、技术基础以及人力基础，以协同方式实施相关建设。另外，还需落实宏观管理工作，在管理过程中尤其要协调好各方面的关系。

（四）加强数字图书馆的可用性评价

可用性，即系统应当拥有相应的功能特征，例如，能否为使用者提供一个完备、齐全的功能菜单。基于使用层面看，可用性可被理解成使用者在特定环境和条件下进行相关操作时，系统本身的功能有无正常发挥和反应。可用性尤为关键，是衡量数字图书馆运行质量的一个基础指标。可用性良好，意味着数字图书馆推出的一应功能可以满足使用者的实际需要，流程能够高度契合使用者的习惯，最终效果也能令使用者满意，反之则不然；对于相关工作人员来说，可用性在很大程度上决定了工作效率，甚至决定了建设数字图书馆的现实意义；站在开发者角度看，可用性不佳便意味着整个系统的开发工作是不成功的。结合使用者范围，能够将数字图书馆的可用性归纳为两类，一类是界面可用性，另一类是组织可用性，前者指的是用户界面是否可以满足使用者的各项常规要求；后者指的是该馆是否能够和有关组织形成良好配合关系，为其特定工作提供有力支撑。

数字图书馆诞生之后，人们获取信息的方式发生了极大改变，更为关键的是利用信息的深度及其广度也得到了显著加强。所以，以数字图书馆可用性为对象，为其构建一套行之有效的原则尤为关键，有着相当积极的现实意义。就可用性进行评价操作时可遵循如下原则：

（1）易学：应当是容易认知和掌握的，使用者只要花费很少的时间和精力便可掌握有关操作方法；系统能面向用户就如何操作问题提供一定培训或咨询，使用期间碰到问题也可以得到及时且有针对性的指导。

（2）易记：无论是在体系结构上还是在界面上又或是在功能等方面均应保持高度的一致性，方便使用者记忆；避免增加使用者的记忆负担，即便有一段时间不曾接触，再次使用时也无需再学习一遍，仅需简单回忆便可重新上手。

（3）高效：应当是一个高效运行的系统，可以为各类使用者的多元化信息需求提供有力支撑，使用者通过数字图书馆能够更为省时、省力地获取所需信息。

（4）容错：应当被赋予较高水平的容错能力，确保整个系统能够长时间、稳定地运行；使用者出现错误操作行为时，系统能立即给予提示，告知正确流程或具备自行修复的功能。

（5）愉悦：使用者在实际操作时，身心均能获得愉悦体验，系统应最大程度规避让使用者产生负面情绪的可能。

（6）服务差异化：发达的网络让身处不同城市的使用者可以同时使用数字图书馆的服务，但需指出的是，当使用者在文化等背景上存在差异时，其要求也往往是不同的。所以，有必要慎重考虑使用者在认知方式上存在的不同，结合他们的阅读习惯，打造和提供差异化服务。一定要认真考虑使用者的具体需求，包括能否高度契合工作流程，能否契合使用者的个人习惯，能否和计算机等关联系统建立起无缝衔接关系等。数字图书馆建设耗资颇大，但其产出也是相当可观的，鉴于此一定要对其效益（主要涉及两方面，一方面是经济效益，另一方面是社会效益）进行系统且深入的评估，尤其要对使用者在该方面的经济承受能力进行科学、严谨的评价。

（五）加强数字图书馆的知识管理

分析数字图书馆知识管理可知，其实质是对自身所持有的全部智力资本予以科学合理的发掘、组织以及市场投放，借此达成知识增值的一系列过程。其涵盖下述内容：①知识创新，是指以创造性思维来建设与管理数字图书馆。数字图书馆是依托网络打造而成的一种有别于传统的全新图书馆形态，无论是在理念追求上还是在运作方式上又或是在管理模式均明显有别于传统图书馆。若想推动数字图书馆建设的高效进行，则需对相关知识进行不断的创新。应发挥好相关工作人员的积极性和业务能力，通过他们推动图书馆知识的创新、持续发展。②知识组织，即对现有各类知识之间的关联进行合理且清晰的组织，从而为使用者的认知提供便利。对知识进行组织时，有多种方法可供选择，基于知识本身的内部结构特征能够将之归纳为两类，一类是知识因子组织方法，另一类是知识关联组织方法；基于知识组织所涉及的语言学原理，能够将之归纳为三类，除了语法组织方法之外，同时还包括语义、语用这两种组织方法。③知识开发，即引入包括数据挖掘在内的多种技术，对相关信息予以梳理和归纳，发现隐含在其中的具有规律认识的有用知识，通过对信息的深层次加工，从而形成有独特价值的知识产品。④知识扩散和应用，是指对数字图书馆的知识产品进行传播和利用，如知识信息导航、知识信息评价、知识信息咨询、知识营销等，在此基础上收到知识增值的效果。数字图书馆若想做好知识管理工作，不仅要推出配套的组织管理机制，而且要推出配套的技术机制，另外还需在打造配套激励机制上多下功夫。现如今，有多种智能技术可为知识管理实践提供支撑，其中颇具代表性的有元数据技术、数据挖掘技术以及数据仓库技术等。

（六）加强数字图书馆的标准化管理

数字图书馆建设不是一个部门或单位能独立承担的，而是需要多个部门和单位的通力合作；其存储的信息涵盖了全体学科，无论是数量又或是类型均是极多的，不仅如此还涉及对多种媒体的数字化呈现以及高效衔接。通过何种方法方式对相关力量进行有机整合，满足资源共建共享等方面的需求，关键之处便体现在标准化。所以，务必要重视和做好标准化、规范化工作。数字图书馆的正常运行需要为不同标准打造出良好的衔接机制，更离不开配套标准体系的有力支撑。建设数字图书馆主要涉及两方面标准。首先是直接涉及文献信息工作本身的技术标准，包括通用标准、出版专业通用标准和相关标准、图书情报专业通用标准和相关标准、档案专业通用标准和相关标准等。其次是计算机等方面的配套建设标准。就现状来看，数字图书馆的建设无论是在标准上还是在规范上均留有很多空白，如质量保证体系等尚有待架构和完善。

（七）加强数字图书馆用户的研究与关系管理

用户的重要性不言而喻，是数字图书馆建设及其运营的立足点，所以应当围绕用户展开系统且深入的研究，找准用户需求，并通过它来指导和规范相关建设。所谓用户关系管理指的是，依托适宜的管理技术或措施对目标用户展开全面且深入的分析，筛选出价值用户，然后对其开展包括交流、培训在内的诸项工作，进而优化服务内容和质量，有效保证他们的满意度。分析数字图书馆用户可知，其存在多个基本特征，类型多样、来自不同地区且需求多元。分析其用户关系管理可知，其表现出下述特点：把用户关系当成一种关键资源，基于用户需求展开系统分析，借此实现对相关服务的进一步完善；把工作重点放在用户发展上，积极发掘潜在用户，并设法将其转化成现实客户乃至忠诚客户；通过最大限度满足用户多元的个人需求，与他们构建起良好的、长效的关系，因地制宜且动态地拓展服务范围。在过去相当长一段时间里，数字图书馆将管理重心放在了资源建设上，而忽略了前台（直面用户部分）建设。随着时代的发展，这种"内视型"的管理模式愈发不合时宜，引入"外视型"的理念已经成为当务之急，如此才能更好地服务用户。推动用户关系管理工作的主要目的表现在更好地发现、认知、管理实际用户和潜在用户。在该项工作中，通过获取和梳理用户的有关信息，分析其个人偏好，为他们提供更为优质的产品，然后在此基础上有目的和有步骤地加强和用户之间的关系，如此一来在达成用户价值最大化这一目标的同时，也能帮助数字图书馆获取更为可观的经济收益。用户关系管理也是一项系统工程，需围绕数字图书馆、用户两者间的一系列关系予以综合的、适宜的管理，而非所谓的短期行为，应将之划归到长期战略的范畴。随着数字图书馆数量的不断增多，业内竞争无疑会进一步加剧。现如今部分数字图书馆已经引入了实体经营这种更具效率的管理体制。无论是国内还是国外，数字图书馆领域的用户争夺战已经打响，只有引入适宜的信息技术，对目标用户的实际需求加以系统梳理，才能为后续的响应和满足提供支撑，获得更多用户的青睐。只有落实好用户关系管理工作，才能最大限度地保留既有用户，同时实现对潜在用户的有效开发。

分析用户关系管理可知，其主要目的体现在让用户价值达到最大化。不同用户会形成差异化的关系价值，通过用户关系管理能够让各类用户均产生一种被重视感，从而进一步提高他们的忠诚度。由此可见，落实该项工作能夯实自身的竞争优势，赋予自身更为强大的市场竞争力。对于数字图书馆，其用户关系管理主要涵盖下述内容：①针对用户的实际需求进行梳理和归类；②对用户各方面数据进行发掘和利用；③对用户进行适当的分类处理；④对用户心理行为展开系统分析；⑤对用户进行相关培训；⑥对用户评价进行收集和分析；⑦对既有的服务模式及方式加以优化；⑧向用户提供必要的人文关怀。

第六节　数字时代的国家书目

一、背景概况

（一）国家书目的内涵与价值

国家书目是对一国所有出版物信息（不仅包括历史也包括现状）进行的收集和整理，是一个国家在某个阶段生成的全体文献资料的总目录。其能基于客观视角呈现各时期的出版状况，全面收集相关文献，在方便人们检索信息方面发挥着重要作用。通过对国家书目的分析，可以获悉一个国家在各个方面所达到的发展水平。

随着数字时代的来临和蓬勃发展，国家书目的涵盖范围得到了进一步的拓展，可针对各种文献类型、丰富多样的载体形式、不同语言文种的书目等进行全方位、精确化展示，其服务对象也更为多元，包括图书馆自身、各大出版社乃至个人用户等。国际图联书目专业组委员会就国家书目如何应对电子媒体，尤其是网络出版物日益壮大的发展趋势，专门起草了数字时代的国家书目指南，文中特别从使用需求和用户角度出发给出了国家书目的价值、选择原则、编目和功能界面的诸多建议，描绘了数字时代国家书目的广阔前景。

目前，传统、数字图书馆之间已经走上了融合成长之路，在此期间书目扮演着相当关键的角色，发挥着重要作用，这种作用是基础性的，同时也是纽带性的。计算机技术、信息处理技术早已在图书馆领域获得广泛运用，最开始运用于机读目录编制领域。保证国家书目的质量尤为关键，将会在很大程度上决定传统资源、数字资源之间的整合质量，进而影响到最终的服务效益，直接影响着用户的使用体验和数字图书馆的服务质量。

（二）国外国家书目的概况

全世界 200 多个国家和地区，约有 90 个国家拥有国家书目，较著名的有：英国国家书目、法国和世界法语出版物总书目、德国书目等。美国没有正式的国家书目，而代之以美国国会图书馆联合北美地区图书馆共同编纂的联合目录（National Union Catalog，简称 NUC），其收藏包括国会图书馆在内的北美 1100 个图书馆的资源，收录全面，著录完备，在一定程度上起着国家书目的作用。

大部分国家书目的数据来源都是该国的国家级联合编目系统，或在此基础上完善，或直接使用联合编目系统作为发布平台；国家书目自诞生到现在有了长足发展，起初只是印刷型书目，目前已经发展至网络平台型书目；各国国家书目的收录范围在客观条件允许的前提下涵盖了印刷型出版物、电子出版物和网络资源等，尤其是随着出版形式的变化，收录的资源越来越多样化，收录的内容也渐趋多元，不仅包含本国出版物，同时也涵盖他国作品。

（三）中国国家书目的历史

我国历史文化源远流长，经典书籍尤为丰富。我国自汉代开始便开启并形成了国家编制书目的这一优良传统。历朝历代的官修书目向人们展示了我国不同时期的图书概貌。我国正式的书目编制工作可追溯至汉代的《汉书·艺文志》。该书目将《别录》《七略》用作蓝本，是现存的、时间最早的由国家主持推动的书目文献。随着清代的《四库全书总目》的诞生，我国古代官修书目事业迎来了最高峰。

新中国成立后不久，全国新书目、全国总书目相继诞生，是人们获悉最新出版信息的两大关键工具，后由版本图书馆负责以上书目的统一编辑，一直延续到今日。早在 1985 年，国家图书馆便响应国家要求启动了中国国家书目的编纂工作，历经两年努力编成了中国国家书目（1985）并投放市场，是我国首部应用"国家书目"这一关键词的书目，可谓是真正意义上的国家书目。后来又推出了多个版本。可以说中国国家书目编纂工作的顺利推动不仅彰显了先进文化思想，同时也传达出了现代书目的最新发展理念，最终也带来了相当可观的社会效益。

二、中国国家书目的数字化实践

（一）全国图书馆联合编目中心的成立

20 世纪 90 年代，在计算机等技术高速发展的推动下，图书馆编目工作也掀开了崭新的一页，无论是在环境上还是在技术上均迎来了深刻变化。编目工作开始朝着网络化、集成化以及社会化的方向大踏步前进，传统的编目工作从集中模式向联合模式转变，区域间的合作共享纷纷崛起。

1997 年 10 月，全国图书馆联合编目中心宣告成立并投入使用，它是国内首家具有全国性特点的联合编目组织，提出了为国内所有文献信息机构提供优质服务的宗旨，明确了积极践行公益性服务使命的理念，依托统一规划，分层推进，协同建设，发挥出了更高的管理效能，引入了"中心—分中心—成员馆"这种层次分明的、科学高效的组织架构，在推动全国范围内的信息资源共建共享事业上发挥出了相当积极的作用，也使得联合编目事业能够朝着长久发展的方向不断迈进。

（二）全国图书馆联合编目中心的资源建设

该中心一直秉承着包括资源共享在内的多项基础原则，依托充分的书目数据资源寻求与当代人力资源之间的有机整合，获得了业界的广泛支持，在书目资源方面营造了良好的共建共享局面，也带来了相当可观的社会效益和经济效益。从某种视角看，联合目录出色发挥出了国家书目的部分关键职能。

为把自身打造成覆盖面更广、门类更齐全的书目信息集散地，中心对传统文献类型进行了深挖，且启动了对特色文献资源的梳理、归纳工作，如学位论文等。截至目前取得书目上传资格的公共馆有 32 家，联编中心的数据上传量也逐年提高。在数字技术迅猛发展、文献类型更趋多元以及信息资源更见丰富等利好因素的助力下，联合目录共建共享工作取得了不俗实效，无论是在广度上还是在深度上均有了长足进步。

（三）全国图书馆联合编目中心的服务成效

该中心围绕服务内容进行了进一步的深化，且对服务方式做了一定创新，让自身的服务水平得到了显著提高，还以免费方式向各成员馆提供了优质的数据服务，大幅拓展了自身的服务规模；不再局限于单一书目的共享共建，开始大力建设联合馆藏体系，且获得了阶段性的成功；积极寻求和版本图书馆之间的合作，尤其是在资源共享方面，取得了阶段性成果。

在标准规范打造及其实践运用领域，中心基于包括数据制作标准在内的多个层面予以了严格把关，先后多次投入大量人力物力进行讨论，并做出了针对性修订，前期加强对上传数据编目员的培训和资质确认，后期联合各馆有资质的编目员共同监督数据库的质量。并依托厚实的实践基础建构了功能强大的共建共享机制，为中心数据库走向统一及进行更为有效的质量控制奠定了基础。

在人才建设领域，以定期方式举办上传资格培训活动，将成员馆人力资源整合起来。中心通过长期努力进一步丰富了共建共享的内涵，不再局限于书目数据，人力资源也被考虑其中，联合各骨干成员馆共同监控数据质量。

三、联合编目平台的功能与作为

（一）联合编目系统的功能介绍

国家数字图书馆工程全国联合编目子项目于 2005 年启动，目的是借助联编系统的优势，打造能够对全国全面覆盖的、真正意义上的联合目录，进一步延展信息资源共建共享所覆盖的服务范围，从而为数字图书馆的高效运营奠定良好基础。这一项目早在 2010 年 7 月便顺利结束了基本开发阶段，3 个月之后进入了试运行阶段，次年第一天正式投入使用。

Aleph 联合编目系统（UCS 系统）诞生于以色列艾利贝斯公司之手，是在 Aleph 图书馆基础上设计和构建的一种自动化系统，根据全国图书馆联合编目中心的需求，设计和开发的新一代联合编目系统。它实现了图书馆集成管理系统、联合编目系统和联合目录系统的无缝集成。不仅可以应用于全国图书馆联合编目中心，还能为区域性图书馆联盟提供稳定的、高效的基础业务平台。UCS 系统设立了相当成熟且高效的系统作业平台，开辟了多个工作入口及其界面，能够为各类成员提供多元化的服务，无论是在功能上还是在数据集成上或是在工作效率上均展现出了令人满意的效果。同时也为普通读者提供了以用户体验为中心的全面 Web 2.0 服务。

（二）联合目录的建设情况

新系统上线为联合编目事业迎来了新的发展机遇。依托这一平台，中心能够便捷地开展日常上传或者下载工作，且在此期间可实现对不同角色不同层级的有效控制，另外能够全面吸纳成员馆持有的馆藏，并加以妥善保管和利用，并建立全国范围的联合目录，使联合编目不仅服务于图书馆的采编工作，进而延展服务于图书馆的读者服务工作。借助建立的联合目录，中心在 2011 年辅助完成了革命历史文献联合目录的初期建设，以及少年儿童图书馆馆藏推荐书目的制作，对联合目录的专题挖掘是联合编目工作拓展的一个方向，也是深化国家书目服务的有益尝试。

（三）联合编目系统的应用前景

现如今，国家图书馆已经落成了专门的网站服务平台以及手机服务平台，能够为有需求的用户提供全面的、精准的联合目录数据，为其更加高效地进行检索提供支撑，方便使用者查找目标文献的同时，还会向他们推介一些关联文献，另外还设置有 GPS 导航功能，能够帮助用户更快、更准确地找到目标图书。而图书馆用户通过联合目录系统不仅可以了解文献的出版发行情况，也可了解文献的各馆分藏情况，辅助本馆的馆藏建设。此外，在使用联合目录馆藏数据库的过程中，用户仅需搜索到所需的实体馆藏信息，该种情况下国家图书馆数字资源分发系统便会执行相关操作，具体是可向目标图书馆发出指令，就相应产品的调取和使用进行远程授权，极大节省各馆馆藏数字化的成本。

联合编目系统是一个开放式的系统，可通过与相关系统的相互链接，将全国的图书馆资源融合成一个整体，形成包括多种资源类型、多种服务方式的资源保障能力，进而形成多级文献保障体系；实体资源普查登记平台（即目前的联合编目系统）与数字资源普查登记平台，文献资源与馆际互借服务系统、参考咨询服务系统的有机结合，将形成整体性资源建设和共享机制。这是数字图书馆服务形式下，信息资源和信息服务的发展趋势，也是数字图书馆推广工程的实施目标之一。

四、联合共建的启示与建议

（一）联合编目的实践经验

新的联合编目系统平台为国家书目建设提供了契机，新的质量监控员共建机制为完善国家书目提供了智力支持，不断结合新的资源特征的编目规则和数据制作标准为数字时代的国家书目注入了活力，使其更具生命力。当然在联合共建的过程中我们也发现了一些问题。①数据标准化问题。联合编目业务历来重视统一规则、统一标准，在联合编目业务和联合目录构建过程中起到了至关重要的作用。但在实际操作过程中，也存在编目员对数据格式、著录细则、规范控制的掌握不尽一致，使同一种文献产生了多种不同的编目数据，给共享编目特别是联合馆藏查重挂接工作造成了巨大障碍，进而影响到用户的利益。考虑到未来出版物形式的多样化，信息源的不规范等状况，在建设地区性联合目录或数字资源普查登记中，需要特别注意标准化建设，尤其是标准规范的可操作性，它是联合共建的基石。尤其在揭示不同载体形态的资源时，需要注意同种作品的关联性，数据制作标准尽可能统一或者建立准确的连接。②系统兼容性问题。在联合编目的多年实践中我们发现由于各馆采用不同的集成化管理系统，某些系统在初期没有考虑或较少考虑系统软件开发标准的统一、兼容问题，没有或仅部分支持通用的交互协议或技术标准，使得编目系统的各项功能存在差异，通用性、适用性差，共建共享的工作受到一定的影响。在建设地区性联合目录或数字资源的统一登记、统一检索和统一调度中，力求从平台建立的初期就保证对不同接口和标准协议的支持，以便后续顺利实现与相关系统的连接，进而拓展服务。

（二）联合目录的建设建议

目前的联合目录作为实体馆藏普查平台，既揭示了一个国家的实体出版情况，又揭示了文献资源在全国的分藏情况，图书馆通过此平台不仅能共建共享书目信息，还能借助联合目录的衍生产品，如馆藏分析成果，了解同类型、同级别或同区域图书馆馆藏情况，有目的和有规划地打造特色馆藏，优化文献资源的整体布局，提高馆藏文献的质量和服务水平。同时借助国家书目的完整数据源，各地方馆也可以更便捷地建立或完善区域性的联合目录或地方文献专题目录库。

中心在征集和整理成员馆馆藏书目过程中陆续添加了一些地区性联合目录的数据（如青岛市地区 5 馆联合目录、武汉地区图书馆联合目录、北京地区图书馆联合目录、杭州地区图书馆联合目录、成都地区图书馆联合目录、嘉兴市地区 6 馆联合目录、宁波市图书馆联合目录、山西省图书馆集群管理系统、陕西省图书馆联合目录等），在全国联合目录的大体系下整合共建区域性联合目录是中心未来考虑的发展方向，从而形成全国性联合目录，区域性联合目录，各图书馆，读者用户的服务格局。

为了提高联合馆藏的实时性和准确性，现如今有三种馆藏更新办法可供参考。

（1）以在线方式执行包括添加、修改以及删除在内的一应操作：这是现阶段区域性联合目录在梳理和归纳馆藏时最为常用的一种方法，相关各馆依托既有的统一自动化平台开启包括数据制作及其补充在内的相关工作，确保新增馆藏得到及时、准确的动态更新；对于全国联合编目中心的用户既可以使用联合编目客户端直接在线操作，未来系统完成异构上载接口开发后各馆也可以使用本馆客户端，实现各馆本地的自动化系统向联合编目系统的异构上载操作。

（2）批量提交完整书目数据查重灌装馆藏：此方法一般用来对大量数据进行回溯处理，或是应对明确了具体时间段的馆藏更新操作，其主要目的表现在用尽量短的时间构建起完备的基础馆藏信息库。

（3）通过远程方式完成对 OPAC 书目信息的有效收割，然后借助包括 ISBN 在内的有关条件进行匹配处理，从而完整馆藏添加操作：该方法一般用来快速、方便、完整地搜集到目标馆藏，并就有关信息予以调整和完善，中心现阶段正组织相关的小范围测试工作。

总体观之，第一种方法无论是在准确性上还是在实时性上均具备明显优势，然而对配套支持尤其是人力资源有着较大需求；第二种方法准确性基本能保证，但实时性有所欠缺，数据差异性导致的人工成本（主要是针对系统不能自动匹配添加馆藏的部分）未知；第三种方法实时性基本能保证，但准确性较差，尤其是对没有 ISBN 的资源或一号多书的资源，可能会误导读者。最科学的方式是整合三种手段，取长补短，保证联合目录提供的馆藏信息完整、准确、及时、可用。

五、中国国家书目门户的构想

为保证国家书目各项服务职能的充分发挥，国家图书馆经过认真筹备在 2012 年对外宣告，中国国家书目门户系统进入了正式建设阶段，计划于当年年底向市场正式投放 2011 年中国国家书目网络版。以数字图书馆既有的一应建设成果为依托，在全国范围内打造具有集中式、高效化特点的国家书目网络系统，利用系统所涵盖的文献资源优势和在全国范围形成的广泛影响力，推动跨行业、跨系统、跨区域的网络合作，最终实现全国范围的协调采购、馆际互借和联合参考咨询。

（一）收录范围

国家图书馆在 2011 年 12 月明确了中国国家书目相关问题，尤其是明确了它的收录范围，指出要严格遵循"领土—语言"这一收录原则，全面收录包括中文图书、各种外文文献以及数字出版物在内的各种类型的元数据信息以及形式多样的馆藏信息。

（二）数据来源

对于国家书目而言，书目扮演着重要角色，是它的数据基础，大多收集自联合目录数据库，应当因地制宜地吸纳、融入一些 CIP 数据、出版社或者书商提供的信息，从而赋予国家书目更为理想的信息全面性、及时更新性。数据格式应不拘一格，应当将 MARC、DC 以及 Excel 等常用类型全部涵盖在内，需指出的是 MARC 数据存在两类格式，一类是 CNMARC，另一类是 MARC21，随着服务的深入还将拓展其他数据形式。为进一步优化用户的体验，计划依托相关成果确保书籍信息呈现的全面性，即以集成方式有效呈现包括书影、目次以及有版权许可在内的各大关键信息。

（三）功能设计

国家书目门户则主要功能包括五个模块，即发布管理、检索和展示、个性化服务、出版文献统计、系统管理等，主要目的是希望能够面向多种用户群体，提供多样化服务，一次性满足用户的阅读需求。以图书馆用户为例：编目员可以借助国家书目进行辅助编目，通过查找相似记录和规范记录，实现相关作品的集合显示，从而提高书目揭示的准确性和友好度；采选馆员能够运用国家书目得到出版物的资讯（包含绝版出版物以及新出版物），能够掌握发行商或出版商以及书籍的出版情况，对出版物进行分析，了解当前趋势，根据建设馆藏的基本原则补偿或者是采选；参考咨询馆员能够运用国家书目进行更加快速便捷的检索，帮助读者有效地找到非馆藏文献以及馆藏文献，并且还能够根据设定的专题进行个性化搜索，定期还能够得到推送书目信息进行统计分析，更好地满足用户的咨询需求。

（四）建设目标

建设国家书目门户的主要目标是在当前数字化以及自动化系统建设的整体背景下，运用数字图书馆多元化、多角度、全面集成国家书目并且对外发布，提供书目推送、检索以及展示等多种服务。

首先，要求能够为中外图书馆和同类的其他机构采选书籍提供便利，帮助图书馆低成本高效率地完成编目工作，便于对文献进行检索和查找；对全国出版物进行整体统计，分析政府政策在经济、语言以及教育等各个方面所带来的影响，是公众的重要信息资源；为国内外个人读者，提供多样化的用户体验；再次，对于出版机构，国家书目可以成为其重要的推广工具，也可以了解整个出版业的宏观情况和市场竞争态势，指导其出版选题。除此之外，网络版国家书目同时还能够联合供应商建立我国可供书目，进一步和管理版权的责任机构建立合作关系，更好地开展版权管理和登记工作，同时还可以结合数字化产品打造立体化书目。

借助国家数字图书馆的一系列建设成果，依托数字图书馆推广工程，国家书目的资源与服务实现全民共享指日可待，覆盖全国的文献资源保障体系将为全民信息服务提供基本保证。

第七节　古籍数字化与共建共享

在全球网络化的今天，数字图书馆的作用日益彰显，公众根据自己的需求，可借助通信设备随时随地在没有围墙的图书馆检索和阅读各类型资料，这其中就包括古籍文献。古籍数字化资源是数字图书馆资源的重要组成内容。中华古代典籍作为我国民族文明和智慧的重要结晶，也是承载着民族记忆的重要载体，是先辈留下来的精神财富。图书馆肩负传承文明的历史重担，不但要保存保护好古籍，还要使其能为社会提供文化服务。古籍数字化服务是解决当前保护古籍和利用古籍矛盾的重要方法，也是对文明的传承，并向社会提供古籍文化服务的重要方式。

一、古籍数字化实践成果

从 20 世纪 80 年代开始，我国就已经对古籍进行了数字化，历经数十年的开发，已经形成了较为成熟的数字化古籍的重要标准和技术体系。

关于构建书目数据库方面，当前，我国馆藏有古籍的所有机构和图书馆都有专门的古籍书目数据库，并且还运用先进的信息技术，建立了联合古籍书目数据库。此外，我国还有大量古籍数字化的全文数据库，其中最为典型的莫过于国家图书馆古籍数字资源库，北京大学数字图书馆古文献资源库，上海图书馆馆藏善本古籍、家谱全文影像数据库，大学数字图书馆国际合作计划（CADAL），文渊阁《四库全书》电子版，中国基本古籍库，等等。

国家图书馆是国内最早开展古籍数字化的图书馆之一，采用多种方式开展了古籍数字化工作，包括原件的数字化、缩微数字化、国际合作海外古籍文献数字化等。

二、古籍数字化建设面临的主要问题

古籍数字化工作在我国虽然已经取得了不少成果，但是依旧还有不少问题需要进一步解决。

（一）缺乏统一规划，重复建设严重

我国拥有众多古籍而且古籍的集中度较差，各个地区都有不同的古籍资料。收藏古籍的单位基于自身的业务需求以及未来发展规划推进古籍数字化。而从当前古籍数字化实施的整体情况看，并没有宏观调控和管理。文渊阁《四库全书》至少已有三家进行过影像的数字化（上海人民出版社与迪志文化出版有限公司的光盘版、武汉大学出版社的光盘版、"中美百万册书数字图书馆"的网络版），一家进行了影像全文文本的数字化（上海人民出版社与迪志文化出版有限公司的网络版）。《二十五史》数字版本就更多，大量浪费了各种资源。

（二）缺乏统一标准，阻碍资源共享

基于我国当前所开展的古籍数字化工作已经取得的成果分析可知，因为最早建设古籍数据库的模式较为封闭，因此，不同机构和单位在文字编码、数字以及著录格式等各个方面都没有统一标准。

比如著录格式方面，国家图书馆编辑有《汉语文古籍机读目录格式使用手册》，对馆藏书籍的著录格式主要应用 MARC 格式，部分图书馆则引进了都柏林核心元数据集 DC 数据格式，也有图书馆采用了自己的格式来完成古籍著录工作。由于没有统一规范的格式要求，所以不同图书馆和机构之间交换编目数据就会面临不少问题，不能完全摆脱人工干预，对于后期进一步建设古籍资源库和共享资源带来了一定的阻碍。

由于信息技术的快速发展和商业机构发展利益的需要，古籍数字化对象数据格式在选择上也面临繁多和复杂的局面，这其中有国际标准、事实标准，也有商业标准。古籍著录采用的字体大部分都是繁体字，其中还有

一部分采用了简体字。字库采用的差异也会影响数据交换，对于不同字体的古籍著录必须要采用中介软件，统一文字和格式。著录标准方面存在的差异还会给后续录入形成数据库之后的检索工作带来一定障碍，影响了全国甚至全球范围内我国古籍资源的共享。

（三）缺乏经费支撑，区域发展不均

近年来，包括国家图书馆、上海图书馆、北京大学图书馆、浙江大学CADAL 管理中心等收藏古籍的机构目前已经启动了数字化古籍的多个项目，主要依赖于人才、资源和资金等方面的优势，目前已经取得了突出的成果。不过，许多图书馆因为缺乏经费，在技术方面实力不足，数字化古籍处理工作目前依旧较为落后，主要停留在普通书目数据库以及扫描图书等较为简单的低层次阶段，甚至还有部分图书馆连这一层次的简单数据化都没有启动。

（四）无统一发布平台，不利于用户查询

考虑到古籍数字化所得成果当前发布的平台也没有被统一，各个系统和不同的单位都基于自身设定的规则在局域网发布，或者是发布网络版、光盘版，而其中最常用的是局域网发布。所以，尽管目前我国已经有了规模庞大的数字化古籍资源，然而面向公众供应的古籍数字化资源依旧较少。从我国古籍保护中心面向全国图书馆所开展的相关调研结果看，我国大部分古籍书目数据库都面向公众开放，不过大部分全文影像数字化产品都没有提供线上服务，读者只能在馆内阅览。

上述问题的出现，对于数字化古籍这一项目的进一步开展和不断深入带来了不少阻碍。要想使得古籍数字化工作更好地推进，取得更好的效果，就必须要建立统一的标准，形成统一规化，通过合作加强建设和有效的共享资源。

三、中华古籍数字资源库建设

中华古籍数字资源库是中华古籍保护计划的一个重要项目。国家古籍保护中心拟订了"中华古籍数字资源库建设方案"，计划首个阶段针对《国家珍贵古籍名录》选入的所有古籍，完成这一部分工作之后，再进一步建立包含全部版本的古籍数字资源库。

（一）整体规划

当前负责中华古籍数字资源库工作的主要机构是全国古籍保护工作部际联席会议，同时国家级以及各个省级古籍保护中心和收藏古籍的相关单位共同参与落实各项工作。古籍数字化将统一按照设定的标准进行，构建能够全面体现我国古籍版本以及所有品种的联合书目数据库和影像资源库，其中不仅有汉文古籍，也有少数民族古籍，还有甲骨文、舆图、敦煌遗书以及各种碑帖拓本等。

中华古籍数字资源库首个阶段建设的主要工作围绕《国家珍贵古籍名录》进行，计划在5年时间之内完成1万种珍贵的国家级古籍影像数据、元数据的收集以及数据库建设工作。接下来再进一步覆盖古籍善本，最后，完成普通古籍的数字化工作。用20年左右时间完成大约15万品种50万版本的古籍数字化。

为积累操作流程、使用标准、发布方式等各方面经验，拟选取基础条件较好、入选《名录》古籍较多的单位先行试点，为全面数字化打下基础，从小到大，逐步展开。

（二）中华古籍数字资源库的建设原则

1. 统一规划

国家级古籍保护中心的主要职责是完成工作规划和各项前期任务，对古籍数字化的推进进度情况进行调研，编制工作手册，明确目录并且对相关人员进行培训，向省一级古籍保护中心安排具体的建设任务。根据任务完成情况，组织专家和技术人员验收数字化成果，达到标准的正式发布，并支付相应费用；不达标的指导修改或重新制作，直至验收合格。

2. 统一标准

在实质推进这一工作之前，首先要明确统一的数字化标准体系，只有首先做好这一工作，才能够确保古籍数字化工作开始之后，所有获得的古籍数据资源，都能够最大限度地保存并且共享。而建设标准体系必须要始终着眼于后期，共同建设古籍资源库以及资源共享这一核心目标，优先运用目前已经成熟的通用规范和国际标准，落实贯彻行业标准以及国家标准。尤其要制定全国统一遵从的标准体系，标准必须要涉及元数据著录、数字化影像、资源标引、资源格式、保存以及发布等相关工作。

经过多年的实践，我国针对古籍数字化已经制定了多项标准。目前大部分古籍数字化标准规范已经研发完成，可直接参照执行。国家古籍保护中心目前已组织人员编制《古籍数字化手册》，对即将开展的古籍数字化工作进行规范。

3. 合作共建

中华古籍数字资源库拟采用集中检索、分布建设管理模式。数据拟借助数字图书馆工程的平台发布，实现元数据和影像数据的集中检索和管理。

全国各地收藏有古籍的相关单位都要积极配合，根据自己的分工安排，结合明确的数字化标准和目录信息，接受省一级古籍保护中心的工作分配和指导，保质保量地做好各项任务。

各省级古籍保护中心领导所属藏书单位开展古籍数字化工作，建成的数字影像资源存储在藏书单位的服务器上进行管理，同时建立统一接口，将古籍数字影像资源与中华古籍数字资源库元数据进行关联。古籍数字化需要运用当前收藏有古籍的相关单位已经实现数字化而且达到项目标准的数据化成果，要避免重复建设，确保各方面的权益，以便有力推动共建中华古籍数字资源工作的开展。

4. 资源共享

关于如何运用取得的成果面向社会提供古籍文化服务的问题，要按照国家古籍保护中心制订的基本要求，通常面向社会免费开放，为广大读者提供阅览、检索、运用以及研究等多种服务。研究人员在获得授权并且签署保证书之后，可以下载相关古籍的影音资料。但是在没有得到正式授权的情况下不允许商业出版、开发销售或者是以数字化、信息化形式对外发布。商业开发、出版、销售和数字发布，应与收藏单位另行签署协议。

（三）中华古籍数字资源库建设第一阶段任务

我国目前收藏的古籍总量数量较多。"中华古籍数字资源库"建设的首个阶段锁定《国家珍贵古籍名录》，此后再逐步实现我国各类古籍版本以及品种的完全数字化。《国家珍贵古籍名录》收录的古籍，全部都是符合古籍定级标准的一级和二级古籍。从 2007 年开始到现在，已经优选出了接近 1.4 万部珍贵古籍（共分成 4 个批次），都是我国典籍中极为重要的部分，也是我国极为宝贵的文化遗产。对古籍进行全面数字化，能更加全面地反映古籍的真实面貌，有利于学界对珍贵古籍的研究和利用，是造福全民的大工程。国家古籍保护中心将与各省古籍保护中心，同时与全国各地收藏有古籍的相关单位建立合作关系，完成数字化古籍的工作。

1. 摸清现状，拟订目录

《国家珍贵古籍名录》入选古籍往往存在一种书入选若干相同版本的情况，进行数字化应精选最优版本。入选古籍的类别多种多样，其中既有汉文古籍，也有少数民族古籍，还有碑帖、佛经、简帛、甲骨、敦煌遗书以及少数外文古籍。其中有一部分目前已经实现了数字化，还有一部分目前还没有充分的条件实现数字化，因此需要根据具体情况分批次逐一开展数字化工作。首先需要明确当前已经实现数字化的珍贵古籍，建立专家团队，形成各个阶段需要完成数字化的古籍书目。

2. 数字化制作

根据确定需要数字化的古籍书目，根据设定的标准，由收藏古籍的单位负责制作数字资源，主要包括扫描或拍照之前对古籍进行整理，对整理好的古籍进行扫描或者拍照以及对获取的数字化资料进行标引处理等等。上述各项工作完成之后，得到的数字化古籍资源需要由国家古籍保护中心进行质量验收，确认其质量符合规范要求之后上网发布。假如收藏古籍的单位本身不具备制作数字化古籍资源的条件，也可以与上级主管机关沟通，委托其他机构代为完成数字化工作。省级古籍保护中心应充分发挥协调、管理作用，组织本省开展此项工作。

　　古籍数字化是未来保存古籍，对古籍资料进行整理并且加以利用的必然方法，同时也是我国建设数字图书馆的重要内容。这一工作的主要目标是通过国家统一规划安排，相关机构单位共同参与，确保数字化古籍能够在最大范围内得到传承和运用，最终达到共建古籍资源库和共享资源库的目标。

第三章　数字图书馆信息资源的建设与处理

第一节　数字化信息资源的来源

　　数字化信息资源是数字图书馆履行社会职能的主要物质基础，它对数字图书馆的重要性相当于图书对于传统图书馆的重要性，如果没有一个持续不断的数字化信息来源和一个完善的信息资源组织策略，对构建数字图书馆的信息大厦来说是极为不利的。

　　数字化信息资源是转化成数字格式的信息，其来源渠道、组织与实现方法均有别于传统图书馆信息资源，即数字图书馆应对来源各异的资源进行有机集成。从总体上讲，数字图书馆信息资源来源于三个方面：馆藏资源数字化、网络资源下载和电子资源库采购。馆藏资源数字化是指首先通过键盘输入、扫描等手段将原有的馆藏资源数字化，并经过加工后形成的资源，它可以按一定的组织形式存储，在硬件条件的配合下，联入互联网中，提供给远程用户检索、查询和利用；网络资源下载则指通过互联网获取的、能满足人们信息需求的有效信息，主要取材于互联网；电子资源库采购指通过购买等手段将现成的商业数据库纳入图书馆自身馆藏之中，是一种快速有效地扩充图书馆馆藏的重要手段。这三种资源也有交叉，如网上的电子期刊、电子图书可以说是网络信息资源，但是它们又是实物信息资源数字化后得到的，所以又可以说是馆藏数字化信息资源。电子资源库的资源来自对纸本资源的数字化，只不过集中成一个资源库成了产品。下面将分别对不同的数字化信息资源的来源进行阐述。

一、馆藏资源数字化

（一）键盘输入

利用计算机键盘输入数据是一种较为原始的手段，这种方式形成的文件空间小，但是效率低、错误率高、成本也高。现在这种方法只局限于小范围的输入工作。

（二）扫描

扫描是数字图书馆建设的最主要手段，在馆藏数字化方面起到了不可低估的作用。扫描识别录入技术是一种根据光电转换、模式识别和人工智能原理，将印刷或手写的文字或符号通过高速扫描设备录入并转换成可供计算机读取的内码，从而达到自动录入资源的目的。

1.扫描设备

扫描仪起步于20世纪70年代中期，最初的扫描仪仅能捕捉黑白二值化图像，体积相当大，扫描速度也很慢，且无法输入彩色图像。到20世纪80年代中期，诞生了世界上第一台彩色扫描仪。现在，扫描技术已有了迅猛的发展，目前最常用的扫描设备是平板式扫描仪。各种扫描仪具有自动辨别像素的灰暗程度（灰度）和颜色的功能，使计算机能输出与原件一样的图像。

扫描仪已广泛运用于图像处理、文字识别、图形识别，是文字、数据录入和信息识别领域不可缺少的设备。

2.扫描资料的选择

图书馆需要对拟扫描的资料进行选择，选择时需要考虑：

（1）公众网络检索需要。

（2）高成本与有限资金之间的矛盾。数字化所有馆藏文献需要大量的资金投入，且数字化后的文献还需要成本的投入，如质量控制、元数据生产、制作索引等。

（3）保存的困难。由于计算机软硬件在不断变化，使数字文献的长期保存和迁移较困难。

（4）知识产权问题。必须在文献数字化之前解决其知识产权问题。

（5）社会效益的考虑。某些涉密的或过于敏感的资料不宜放在网上。

（6）文档规范化。文献数字化中大部分成本用于元数据的创建和质量控制的工作，因此，不符合文档建设规范的文献，在加工之前不宜数字化。

（7）图书馆信誉。图书馆需要检查数字化资源的准确性和信息的权威性，可以从撰写人的权威性、背景等方面严格地剔除不够准确的信息。

为了确保拟扫描资料的质量，建议图书馆在数字化资源制作前成立一个资料筛选工作组，资源的选择可采取三个步骤：

（1）资料范围的界定。组织资源收集人、研究者（资料筛选人员）对收录资源的学科、地域、时间、语种、类型等进行界定，以确定需要数字化的文献范围。

（2）根据上述标准在界定的文献范围中筛选出符合要求者。

（3）根据文献的价值、使用程度和数字化的风险程度对文献的优先程度排序，以决定文献数字化的先后次序。

3. 自动识别（Optional Character Recognition，简称 OCR）

扫描之后的计算机自动识别技术是整个数字图书馆建设中至关重要的技术之一，自动识别技术的先进与否决定了数字图书馆信息资源建设的速度与质量。

文字的计算机自动识别技术是数字化领域的一项非常重大的革命，这一技术运用计算机程序，将扫描获取到的文献图像直接转换得到字符文本。这一技术的主要原理是运用数码相机或者是扫描仪等设备，直接从纸张上提取图片和文字，接着运用不同的识别算法，对图片和文字形态进行特征分析，得到图像中文字所对应的标准编码，最后将其用统一格式储存为特定文本文件。所以这一技术的本质是帮助计算机学会如何识字，并且将读取到的文字和图像自动转换成文本文件，输入到计算机中。这一技术对比于人工录入而言不仅非常准确，而且速度很快，非常便捷简单，能够有效地提高图文录入的效率，更好地满足人们对于效率的要求，因此具有良好的发展和应用前景。

（三）全息加工技术

全息加工技术也就是数字化纸媒信息的过程中，将扫描获取到的文字以及人工进行的版式标注信息（比如字号和字体）结合起来，结合版面的其他信息以及图像等，最终得到版面文件。在获取到的最终文件中，有用户自定义的具体字号和字体，并且还有自动导读、导航等增值服务信息，最终形成了能够满足数字化阅读需求的原始版本书籍资料。简而言之，将纸质文本低成本、高效率地转换成保留全部信息的数字化文档。书生之家数字图书馆就是使用这种全息数字化技术来加工原始资源，实现了图书信息完整、导航信息、海量存储、图书浏览、防下载盗版、防止信息拷贝盗版等功能，其做法有一定的借鉴价值。

二、网络电子资源下载

网络电子资源下载是数字图书馆迅速扩大其馆藏的一条非常经济的途径。

（一）电子资源收集策略

图书馆工作人员可从不同途径下载或者收集得到对于图书馆而言有重要意义的电子期刊图书，以及具有特色的各类网站等数字资源。

网上各类电子资源内容丰富，格式多样，而且大多可免费下载。但它们分布零散，不能系统地供读者使用，这就需要数字图书馆工作人员利用各种途径找到这些杂乱无章的电子资源，并将其下载到数字图书馆本地存储媒介上，然后按照图书馆的分类体系将各种电子资源归入不同类别，以方便读者取用。

在电子资源收集过程中，不妨动员读者推荐或提供电子资源。这正是数字图书馆相比传统图书馆有所突破的地方：传统图书馆无法集中读者的力量为馆藏建设添砖加瓦，而数字图书馆就可以充分利用电子信息资源无限复制、无限传播的特点，将一位读者手中的书变成大家手中人手一本的书，从而以极大的速度扩大馆藏。对于提供电子资源的读者，要给予适当的鼓励，譬如一些物质奖励，如赠送读书卡等，使读者切身体验到奉献一本书，就得万本书的好处，充分调动起读者的积极性和主动性，从而使得可供下载的电子资源越来越多，也可为图书馆节省大量的成本。需要予以强调的是，下载的所有文件都不能用于商业目的，而且必须要得到版权授权。假如原文存在版权则下载服务也必须采用原文格式，不得将版权信息人为清除。

（二）网络电子资源的整理

由于技术上的原因，下载后得到的资料格式不统一，要对这些不同格式的内容进行处理，涉及多方面的技术，如脉冲信号、数据宽度、像素、颜色、对比度、压缩编码算法等。不同的文件格式需要用不同的软件来显示，这给人们的查找带来了一定的难度。不同的文件格式并非都可以相互兼容，有的格式之间转换后会发生变化。例如，当纯文本文件被调到 Word 中时，Word 不能对其进行自动排版，无论纯文本文件原来的格式多么整齐，调入 Word 后，文本的左右两边不能同时对齐，如果原文本每行的字数较多，调入 Word 后，可能会被拦腰截断。再如，将 HTML 格式文件转换成 Word 后，有时还会损失一些图像信息。

因此，需要利用图书情报学关于信息组织的方法与技术对网络电子资源按类归并、统一格式、添加检索功能，才能更好地提供给读者使用。

三、电子资源库的采购

电子资源库的采购主要指的是直接购买商业数据库，这也是当前建设数字化图书馆最便捷的一种途径。数字图书馆人员面对当前众多的数字化图书馆，必须要多方面选择和了解，才能够运用有限资金更有效地选择符合读者需求的资源库。

购买数据库的过程中需要注意下列问题：

（一）深入了解各种类型的数据库

对电子资源库市场，图书馆采购员必须有一个既宏观，又微观的认识。宏观上，需要首先了解资源库的具体类型，分析各类资源库的关系，确认资源库与图书馆未来的长期发展是否相符；从微观角度分析，需要进一步分析某一种类型资源库过去的发展情况，提供技术支持的相关企业状况，资源库所面对的客户群体，将来发展的主要方向和相关费用。要比较不同资源库的发展优势并做好详细备案，要调查各资源库用户的使用情况、了解各资源库制作公司的信誉及售后服务的真实状况等。通过这一系列方式，才能对资源库有整体而详尽的了解，才能准确进行资源库的采购。

（二）正确认识数字图书馆自身的情况

建立在了解数字图书馆资源定位上的资源库选购才可能是成功的，定位主要应考虑以下因素：

1.数字图书馆自身的性质和发展趋势的定位

资源库的采购要结合图书馆的馆情，明确自己的性质和发展导向，即自身的定位是综合性图书馆，还是专业性图书馆，是面向大众、学术社区，还是面向政府。例如，高校图书馆和其他图书馆在资源库选择过程中遵从的导向存在很大差异，前者选择资源库的主要导向是专题资料库、学术数据库以及研究资料库，其次是大众提供服务的电子书库；后者则主要以地方文献数据库、特色数据库、财经及科普方面的数据库为主。

2. 读者群的定位

读者的评价是一个数字图书馆是否成功的重要指标。数字图书馆要满足读者的需求，就必须订购符合本馆读者群文化层次、兴趣爱好的资源库，还必须从历史角度来研究读者群的变化情况，这样才能真正订购到合适的资源库。如图书馆的读者对象往往定位为本地区的社会公众，所以科普性的资源库要多些，而且一般以制作地方特色数据库为主。

（三）合理利用资金

资金问题是决定能否购买、购买多少以及购买什么档次的资源库的重要因素，合理利用所提供的资金，为读者提供力所能及的服务。

（四）数据库服务商的选择

电子资源库服务商的质量不一，好的服务商将着眼点放在如何满足图书馆的需求上，而有些服务商只是简单地汇集来自不同数据库生产商的产品，没有做更进一步的精加工，也没有开发将这些数据库进行集成的技术，另外一些服务商的主要目的是销售其软件系统，不太重视资源库本身的质量。因此，服务商的选择对于电子资源库建设的质量非常重要。

选择服务商并不容易，特别是当面对一个大而复杂的项目时，建议的选择步骤为：确定项目的目标和内容；初步确定潜在的多个服务商；公布项目的目标，寻找对项目感兴趣且基本符合项目要求的服务商；制定一套项目操作方法和质量控制手段；列出一系列的服务商名单；撰写一份建议需求书或招标书，并将之发送给选好的服务商；当服务商准备他们的方案时，和服务商多交流，包括访问他们的网站和面对面交流；评价不同服务商的方案并选出最佳方案；签订协议；与服务商协同工作。

不过在实际操作的过程中，需要综合上述多个因素，比如专家、馆员和读者对于购买数据库的意见建议。在采购数据库之后，也需要根据读者的意见反馈及时进行调整修改，与读者之间建立良性沟通互动的机制，才能够进一步保障数字图书馆未来的发展。

第二节　数字信息资源的描述和处理

一、数字信息资源描述和处理语言

描述数字化的信息资源以及对资源进行数字化处理，也是数字图书馆当前最主要的一项工作内容。对于这一问题，目前已有不少学者和专家做出了许多努力，提出了多种主题指南、引擎设计方案和不同的元数据格式、标记语言框架等等。

随着标记语言应用以及相关研究的进一步发展，与此有关的标准体系也有了明显进展，与标准通用标记语言（SGML）相关的最典型的是超媒体文档结构语言（HyTime）和文献样式语义和规格说明语言（DSSSL）。

（一）超媒体文档结构语言

超媒体文档结构语言标准是关于超媒体文献标记方面的超媒体语言，它定义了超媒体和多媒体系统，尤其是超链接（Hyperlinks）、对象的定位（Locations of Objects）和文摘表示空间（Abstract Presentation Space）等方面编码的体系结构，并提供了在 SGML 文献中表示链接的标准方法，而最有用的概念之一就是体系结构格式的标准化。HyTime 系统使用 SGML 作为它们管理数据的基本编码语法，但又不局限于 SGML 编码数据的管理。它是 SGML 的应用和扩展，在超媒体文献的数据资源管理方面必将有广阔的应用前景。

（二）文献式样语义和规格说明语言

文献式样语义和规格说明语言的基本目标是为处理与 SGML 文献标记相关联的信息提供一种标准化的框架和方法，其主要用途是实现 SGML 文献向其他格式文献（包括 SGML 文献等）的转换，从而促进文献信息资源的交流与共享，这将极大地拓宽和加速 SGML 的应用。

二、数字信息资源描述和处理的标准与规范

标准与规范是数字图书馆建设与服务优化的技术保障与管理基础，技术标准与规范是对数字图书馆的功能指标以及技术机制等做出明确的规范，并且提出具体的要求；立足于资源、人力、组织以及改革等几个方面规划数字图书馆。早期建设数字资源库的过程中，图书馆最主要的问题在于怎样将传统载体的多种资源和信息实现数字化，建立能够可靠稳定运行的计算机系统，为读者准确便捷地检索和获取信息提供支持。在当前已经有大量丰富的数字化资源，信息化和计算机技术变得更加成熟的背景下，怎样将不同人员、形式、内容以及支持技术，不同的数字资源都有效地整合起来，更好地服务读者，就成为了当前面临的新问题。

这一问题普遍存在于数字资源运用的几乎所有层面，对于当前已经开发得到的数字资源，其中多数只在独立使用时能够取得良好的效果，整合应用时却不能有效地满足用户需求，甚至还会给用户带来不少麻烦。用户检索资料和获取资料变得更加烦琐。而要想解决这一问题，最重要的就是要形成集成化检索数字资源的信息系统。假如数字信息资源能够保持明确的标准体系和统一协议，就能够为建立服务系统和集成信息检索系统提供便利。总之，为了整合信息资源，建立一体化的数字化图书馆体系，就必须要制订明确的协议以及标准，采用统一的方法和标准体系。2002年4月，我国科学数字图书馆项目管理中心针对建设数字图书馆工作提出了较为详尽的规范和标准体系。总体而言，建设数字信息资源工作所涉及规范和标准众多，可以将其划分为创建内容、组织、描述、服务、管理、项目建设以及长期保存等多个部分。

（一）数字内容创建的标准规范

数字内容的创建规范主要包括内容编码、数据格式与内容标识。

1. 内容编码

本部分工作主要是基于内容数字化之后的标记形式和编码形式制定规范，是对数字信息是否能够持续运用的主要限制因素。通常情况下，数字图书馆要求基于编码层面建立符合编码体系标准的数据库，为达到特定标准和规范的数字资源的交换打下基础。

（1）基本编码标准。未来网络系统趋向于一体化的发展，要求图书馆需要有一个能够有效识别其他图书馆的文字和图像，并且对文字图像信息进行处理的符号系统，以便混合交互处理不同的字符文字，因此，各个图书馆采用的编码系统应该完全相同，才能够保证相互之间的文献信息共享顺畅有效。当前形成的符号系统是 ISO/IECI0464《信息技术——通用多八位编码字符集（UCS）》，其主要是用于全球各类语言的附加符号和书面符号的传输、表示、呈现、输入、储存，以及交换。我国参与编制了 CJK 表意文字统一编码区。1995 年时我国设计编制了汉字扩展内码规范（GBK）收录了 ISO/IEC10646 内的 2 万多个 CJK 汉字。ISO/IEC10646 实现商品化之后，多次进行了版本调整和优化，进一步推动了基本编码标准的广泛应用。

（2）特殊信息编码。特殊信息编码主要涉及化学符号、数学公式、数学符号、地理坐标以及矢量信息等编码，其中化学标记语言（Chemical Markup Language，简称 CML）以及主要是用于化学学科类资料和文献的置标语言标准；地理标识语言（Geography Markup Language，简称 GML）主要用于表述地理空间对象的非空间以及空间属性数据，是地理空间信息领域中 XML 的应用成果；用词发布或储存地理信息，并且能够实现在浏览器中呈现地理信息和控制信息。

2. 数据格式

数据创建的过程中，首先要选择合理的格式，需要描述的不同对象适用的格式也各不相同。

（1）文本格式。保存文本数据的格式主要有图像或文本文件两种。描述文本文件的最常用的体系是 TXT、XML 以及 HTML 格式，还有传递和移植都较为便捷的开放式格式；此外，还有 DOC 等专门格式的文件资料。部分领域还有特殊的描述格式。不过，当前数字图书馆通常都会运用自定义格式，比如我国期刊网数据库采用的文件格式是 caj 格式，这一格式的文件必须要采用专门的浏览器才能够浏览阅读。超清图书馆的格式为 PDG，这类格式和图像格式类似，但是不支持文本截取，必须要采用专门的超星浏览器才能够阅读。其他各类图书馆基本上都存在这一现象。其主要原因是开发电子资源的机构拥有的版权不同。为了收回开发电子资源的成本，同时为版权提供必要的保护而采取了这一措施。网络上普遍运用 HTML 语言之后，制作资源的单位就不能加入版权信息，而且也不能对版权进行有效的保护，所以不得不运用本地化模式。这样一来，浏览器的类型激增，对用户带来了一定的麻烦。XML 格式出现之后，这一现象有所改善。运用元数据对数据资源进行描述之后，HTML 呈现的是静态信息，XML 能够呈现动态信息，所以能够有效运用元数据，充分发挥此类数据的优势。都柏林核心元数据（DC）主要从外部属性、知识产权和资源内容等几个方面对 15 个元素进行了描述，采用的语法都是 XML，为解决知识产权相关问题做出了极大贡献。不过当前依旧存在比较严重的重复制作问题，相同资源的版本和形式不同，但是内容却是相同的，在很大程度上浪费了物力以及人力资源。所以将来需要发展的主要趋势在于制作资源的部门对版权问题进行协调处理的过程中，需要将重点转移到进一步提高内容质量和制作水平上来。

（2）图像格式。图像数据的保存格式可以选择 PDF 格式、GIF 格式或者是 TIFF 格式等多种格式。描述体系通常情况下会选择 TIFF 格式，这一格式的压缩比最高达到了 2~3，能够有效的保留原图层次和颜色，不过需要占用较大空间。而网上提供给用户浏览图像格式则可选择 JPEG，这种格式压缩图像会存在一定的信息失真，压缩比最高可以达到 40。压缩处理图像的过程中，不重要的信息或者重复信息会丢失，因此有可能出现失真现象。不过由于空间占用小，所以尤其适合网络传输。预览图像的格式可以选择

GIF。在压缩处理图像的过程中，不会丢失像素信息，只会丢失图像，所以被普遍用于呈现简单字体或图形，这样一来，就能够达到预览需求。线图图像（Line Drawings）格式可以选择 PCX 格式，原因在于这一格式较为简单，尤其适用于线图图像或者是目录索引。

（3）视频格式。视频主要包括流媒体以及视频 2 个部分，也就是线上观看和下载之后观看两种，具体格式包括：AVI、MPEG–1、MPEG–2、MPEG–4、DIVX、MOV、Real Video、ASF。AVI 具有良好的兼容性，占用空间较大，图像质量比较好，调取应用资料较为方便。MPEG 目前已经有MPEG–1、MPEG–2、MPEG–4、MPEG–7、MPEG–21 等多种格式；分别用于制作 VCD、DVD、HDTV、流媒体格式，能够满足网民在现场观看的需求。DIVX 技术得到的视频质量和 DVD 相当，适合储存视频信息。MOV 格式是苹果公司专门创建的，用于播放视频和保存视频的格式，是一种良好的编码视频的有效格式。Real Video（RA、RAM、RM）格式作为创建视频流技术的主要格式，其主要特征是在确保播放比特率的情况之下能够进一步缩小文件占用空间，所以尤其适合窄带。微软将高级流媒体（Advanced Stream Format，简称 ASF）定义为统一容纳所有同步媒体的格式，最主要的优势在于占用的空间小，所以尤其适合线上传输。

（4）音频格式。音频格式类型很多，较为复杂，当前，图书馆最常运用的音频格式是 WMA，这一格式的压缩率较高，即便在流量只有20KBitrate 的情况之下也能够获得满足听众需求的音质；MP3（MPEG layer）作为最广泛运用的音频格式，支持使用的播放器较大，加上 Lame、匹配VBR（动态比特率）、ABR 编码得到的音质更好，几乎可以达到媲美于 CD的效果，文件占比较小；MP3PRO 是改良 MP3layer 技术的成果，MP3PRO 在音频比特率达到 250kbps 的情况下，音质好于 MP3，体积不大，但其无法编码 48kHz 采样率的乐曲，所以选用时务必慎重，而且此格式无法保存纯语音（因为纯语音往往仅有 16kbps）；WAV 则是未经压缩的格式，用于保存高音质文件最为理想。

（5）矢量图形格式。矢量图形文件是在计算机上借助数学方法生成、处理和显示的图形，是计算机图形存储的两种方式之一。它可反映物体的局部特性，是真实物体的模型化。现在一般使用可升级矢量图形（scalable vector graphics，简称 SVG），这是一种使用 XML 来描述二维图像的语言。它建立于纯文字格式的 XML 之上，直接继承了 XML 的特性，由 W3C 制定，标准比较有权威性。矢量可标记语言（Vector Markup Language，简称 VML）是基于 XML 的格式。二者各有优势，SVG 不受公司控制，标准、稳定，VML 技术更加先进。

3. 内容标识

内容标识方面的标准与规范主要涉及数字对象唯一标识符，这些数字对象可能是单个文件，如数字图像（扫描或原生的），也可能是集合体的，如由多个文本、图像、音频、视频等数据对象组成的多媒体数据集合等。一般情况下，描述体系没有规定具体的标识符结构，只是对数字对象标识的原则予以规定。也就是说，数字对象命名所采用的命名体系规则应是公开和明确界定的，命名体系应遵从 IEFT/URL 体系，尽量采取标准或通用的标识符命名体系。作为数字资源集合，则需要考虑多个唯一标识符系统的互操作。

（二）关于数字对象描述（元数据）的标准规范

元数据是对数字对象定性描述的数据，是建设数字专员数据库项目的基础，因此，在建设图书馆项目中也非常关键。元数据决定了性质和格式、不同的数据资源是否能够实现全球共享。

考虑到数字图书馆所涉及的资源类型很多，因此，元数据如果较为单一，就不能有效地满足当前各类需要。美国各领域都有不同的元数据格式，应用时还需注明结构性元数据②、管理型元数据③，因此要规定描述数字对象方法和原则，或明确元数据的应用范围。

（三）数字资源组织描述的标准规范

先前针对单个数字对象的元数据进行了描述，然而实际中的数据对象复杂度较高，往往会组织形成资源集合的形式，所以有必要从集合的角度进行描述。具体描述可以划分为多个不同的层次，各个层次的基本介绍如下所示。

第一层用于描述资源集合，此时对应得到的是元数据记录。

第二层描述的是资源集合的组织机制，本质上仍然属于元数据，一般划分为多种不同的形式，例如有站点地图以及分类法等。

第三层描述的是管理机制，通过此类描述有助于促进用户对资源集合的选择和应用，主要涉及到了资源长期保存政策以及资源选择标准等。

第四层描述的是资源组织建设的基本方法以及规范等，在此基础上能够对资源建设提供必要的指导。

当前在此领域的研究比较多，其中资源集合自身的描述属于一种比较成熟的规范化工作。而在大型资源建设体系中，最为基础的要求是构建比较规范的资源集合描述。在美国 NSDL 中明确规定，参与 NSDL 的资源项目在描述集合时必须采用统一的方法，即要求利用 DC，然后将其提交给 NSDL 的元数据库。随着数字图书馆建设项目的发展，在此类项目中开始更多的关注资源组织过程的指导性规范，基本已经拓展到了资源建设的全生命周期，主要涉及到了资源描述、服务、资源保护以及流程等相关的问题。目前对于资源集合管理以及组织机制的规范描述仍然属于全新的领域，需要学习电商等相关领域的发展模式以及经验，根据发展的需求以及现状制定相关的规范和标准。

（四）数字资源系统服务的标准规范

数据信息系统服务规范具体划分为如下多个规范：

1. 接入条件规范

该规范本质上属于信息网络服务范围，比如资源需要对 HTTP 等常用的协议提供基本的支持，便于资源的传输和应用。

2. 数据传输条件规范

该规范涉及到了多方面的内容，例如是否通过主流浏览器对文件进行解析，或者是是否采用标准语言实现数据的封装处理等。目前在文本数据封装上采用了不同的格式，常用的主要有 XML 以及 HTML 等，而对于其他类型的数据则依赖于其他的格式类型，例如对于图片格式的数据可以采用 JPEG 等，而对于视频格式的数据则采用 WAV 等。在数据封装完成之后则需要借助于专用的格式进行传输，代表性的协议包括 HTTP 等。在图书馆管理中同样开始引入上述类型的传输格式，例如有美国建立的 METS 模型，该模型属于一种通用的编码标准，具体采用的 XML 格式，以此实现对图书馆中结构性元数据的编码操作。

3. 数据检索条件规范

目前人们使用较多的是基于 HTTP/HTML 的搜索引擎，基于该工具能够高效检索到用户需要的信息，然而这种检索机制存在一定的不足，主要体现在集成检索方面存在显著的约束。针对分布式检索中存在的问题，Z39.50 标准成为图书馆中广泛采用的标准，该标准对应着 OSI 模型的应用层协议。

4. 数据应用条件的标准规范

该规范主要对用户检索结果的使用问题进行处理，尽管采用标准数据格式有助于解决上述问题，然而部分数据内容对于特定软件的依赖性较高，特别是统计数据以及 GIS 数据等，对于此类特殊数据的处理依赖于合适的插件，即必须安装这些必要的插件才能够实现对检索结果的查看，这种方式存在明显的限制，增大了检索结果应用的难度。如果缺乏匹配的插件，则这些数据也将会失去自身的价值。针对该问题一般可以采用通用浏览器解决，在此类系统中可以通过元数据对软件以及链接信息进行有效的描述，依据具体的链接来安装需要的插件，继而满足对特定类型数据的支持，但是当前依然缺少统一的解决方案，有待于针对此类问题进行更深入的研究工作。针对此类复杂度较高的数据信息，已经有大量的参与者开展了相关的研究工作，其中 W3C 等单位致力于通过 XML 语言进行描述，例如有 VRML、SMIL，基于此类技术即可处理复杂数据，并且会凸显检索结果的多层次特征。

5. 分布式数字对象机制的标准规范

分布式管理的价值在于实现"联邦检索"，而实现该目标的基础是依据统一的访问协议，通过全球数字图书馆能够实现全世界数字化资源的衔接，由此构建了一个集中化的图书馆系统。分布式管理对于标准协议的关注度较高，即要求在服从 TCP/IP 协议的基础上才能够实现全球网络资源的互联互通，提升网络资源应用的共享性和价值性。在数字图书馆建设中同样依赖于统一的标准协议，所以必须重视标准协议的制订工作。当前在协议制订上可以通过 XML 实现对数字信息的规范描述，而对于此类信息的登记以及检索依赖于登记系统。相关的标准规范具体涉及到了网络服务定义语言（WSDL）等。随着数字图书馆概念的普及，对此领域的关注度不断提高，已经逐步得到了公众的认可，部分图书馆基于网络服务制屏蔽分布式图书馆的差异性，真正实现了各个图书馆之间的互联互通，提升了数据资源的共享性，能够保障这些资源充分发挥应有的价值。

（五）关于数字资源长期保护的标准规范

当前对于数字资源长期保存规范的研究持续增多，部分学者研究中发表了不同的成果，已经形成了一些公认的规范，例如有美国 CCSDS 推出的 OAIS 模型，该模型主要用于对数字信息可存取档案系统进行维护，该模型也广泛应用到了图书馆建设项目中，例如有 NEDLIB、CEDARS 项目等。未来随着研究的不断深入，该模型的应用价值将会进一步得到挖掘，并在数字信息保护中发挥更重要的作用。

结合上述分析可知，当前对于数字图书馆建设的研究逐步深入，而在长期的研究中取得了诸多实用性的成果，建立了一些标准和规范。然而现行标准依然存在一定的不足之处，并且在部分领域中尚未出台标准规范，有必要在未来的研究中针对这些薄弱之处进行研究，针对现有标准进行完善，继而为数字图书馆建设和服务相关工作的开展提供有力的支撑。

第三节　元数据与资源描述框架

一、元数据

（一）元数据的定义

元数据实际上是 Data about data 的中文翻译，该定义在传入我国之后吸引了广泛的关注，不同的学者提出了多样化的观点，但是仍未建立统一的定义，常见的一些定义如下所示：

在 ISO15489 中的定义是：元数据属于一种特殊的数据类型，能够对特定文件的背景以及内容等信息进行客观地描述。

在《电子文件管理指南（1997）》做出的定义是："元数据属于和文件背景以及结构有关的数据。"

在《电子文件管理指南（1999）》则认为："元数据指的是一种结构化著录数据，主要与单份电子文件以及文件组合的背景以及相关性进行描述。"

在《联邦机构电子文件管理元数据标准（1999）》中提到："元数据属于一种著录信息，主要对电子文件背景信息进行描述。"

结合上述分析可知，针对元数据的研究比较丰富，而在不同的文件以及规范中出现了多样化的定义，但是从现有的定义上来看依然具备了一定的共性特征，即主要将其定义为"关于数据的结构化数据"，所以本质上可以将其认为是一种对数据进行描述的数据。元数据在多个领域中得到了成功的应用，如果将其应用到图书馆建设领域中，则可以认为是提供关于信息资源的结构化数据，这里凸显的是其结构化的特征；除了这种定义方式之外，还可以通过其描述数据本身的属性特征，便于进行数据资源的共享应用，提高数据资源的利用价值，这里凸显的是功能特征。所以在图书馆界主要从上述两个角度来实现对元数据的定义。

在元数据中涉及到了句法、语义以及内容标准三部分，各个部分的定义和功能是不同的。其中句法指的是元数据的语法表示格式，即句子结构支配的标准；语义用于对元素定义进行描述，以此为多种元数据交换提供支持。在不同元数据中的对应元素的含义一致的情况下，则建立了映射；除了上述两部分之外，对于内容标准则指的是格式的标准化问题，具体可以划分为格式标准以及值标准两部分。基于该结构实现了各个元数据格式的关联，便于实现资源的整合，有助于改善检索的效率和精度。

（二）元数据的分类

1. 依功能分

依据具体的功能可以划分为描述性、结构性以及管理性元数据三种类型，各个类型的基本介绍如下所示：

（1）描述性元数据：针对特定的对象进行描述，首先有助于用户对信息的存储位置进行确定；其次确定是否真正属于自身需要的信息。此类数据的典型代表包括 MARC 和都柏林核心数据集。

（2）结构性元数据：针对资源的不同部分进行关联，继而可以生成对应的显示页面，便于通过直观的方式查看相关的信息。除了基本的可视化展示功能之外，同样支持在资源的不同部分之间进行跳转，便于浏览不同的信息，例如可以在不同的文本之间进行切换，或者是跳转到特定的章节等。

（3）管理性元数据：针对数据对象的版权以及日期等管理信息进行描述。

2. 依资源类型分

根据不同的资源类型具体可以划分为通用描述、文字档案元数据等类型，具体的介绍如下文所示：

（1）通用描述：针对不同类型的数据资源进行描述，通用性比较显著，主要包括 GILS 等。

（2）音乐：主要与音乐信息的描述有关。

（3）数据资料：在数据资料描述中的优势比较显著。

（4）文字档案：大多在 TEL 等文字档案资源描述中应用。

（5）地理资料：针对地理信息资料实现数字化描述。

（6）图像与物件：主要包括视觉资料核心类目（VRA Core Categories）、艺术品描述类目（CDWA）等。

（7）档案保存：主要包括 EAD 档案编码描述格式等。

3. 依结构化和复杂程度分

如果从结构化以及复杂程度的角度进行划分，则主要包括未结构化、相当结构化且复杂、相当结构化但不复杂的元数据三种类型，各个类型的基本介绍如下所示：

（1）未结构化：指的是未采用标准构建的索引，例如基于 HTML 标签形成的索引等。

（2）相当结构化且复杂：资源描述信息比较具体和详细，例如有 CIMI 等。

（3）相当结构化但不复杂：资源描述信息相对较多。

二、都柏林核心元数据

当前国际上对于元数据的研究比较广泛，形成了不同类型的方案，而使用最为普遍的一种当属都柏林核心元数据（DC），由此形成的项目已经渗透到了各个国家中，并被翻译为多种语言，在各个大洲以及不同的国家中得到了广泛的应用。早在上个世纪末期，IETF 首次接受了 DC 描述方式，在此基础上发布了 RFC2413 标准。进入到新世纪之后，大量的学者参与到该领域的研究中，其中在 2003 年时已经成为国际标准 ISO15836。根据其官网可以获取到 DC 的各项信息，涉及到了发展历史以及最新状况等。DC 的具体信息介绍如下文所示：

（一）DC 发展概况

早在 1994 年时，OCLC 已经指出在网络资源描述中需要建立统一的语法标准，而在次年时正式形成了都柏林核心元数据。在 1995 年 3 月时，NCSA 等机构共同主持召开了首次 DC 研讨会，该会议的地址是都柏林，此次会议参与人员众多，覆盖范围广泛，涉及到了 SGML 专家、图书馆员等，总计有 52 人。在会议中探讨了多个领域的话题，研究了在网络资源标注中应该涉及的项目，最终汇总众多与会人员的结论得到了一个 DC 元素集，其中含有的元素数目为 13。后来又相继组织召开了多次类似的会议。特别是在 1996 年的会议中，针对 DC 元数据的应用范围进行了拓展，除了对基本的文本数据进行处理之外，还可以实现对图像数据的处理。另外还针对一些著录项的信息进行了修改和添加，总计形成的著录项达到了 15 个。而在次年举行的会议中明确提出 DC 格式的功能并非是评价信息资源，而是信息资源的描述，在此基础上从描述内容类别的角度上对上述元素进行了划分，形成了三种类型，分别合适对外部属性、资源内容以及知识产权的描述。经过多次会议的研讨，基本已经确立了 DC 的整体结构，为其后续的研究和应用奠定了良好的基础。

（二）DC 的 15 个核心元素

根据先前的分析可知，在 DC-3 会议中确立了 DC 元数据的核心元素，总计有 15 个。更重要的是，能够实现和其他元数据的交换处理，所以逐步成为统一的标准。但是这些元素并非是固定的，而是能够结合实际的应用要求进行灵活扩展和选择。在 DC-5 会议中进一步将上述元素进行了划分，由此得到了如下三种类型：

资源内容描述类元素：题名、主题、描述、来源、语言、关联、覆盖范围。

知识产权描述类元素：创作者、出版社、其他参与者、权限管理。

外部属性描述类元素：日期、类型、格式、标识。

（三）DC 的限定词

然而先前所述的 15 个元素在描述能力上仍然存在一定的限制，所以需要进行限定，并进行子元素的规范描述，但是在此过程中必须保证元素自身的定义是不变的，否则会影响到其操作性，难以达到预期的应用效果。

在 DC-4 会议中针对 DC 限定词进行了重点研讨，最终确定了模式体系 (schema)、属性类型 (type)、语种描述 (language) 三种。

此后，有其他的研究者参与到了 DC 核心元数据集的研究中，基于实际的限定情况可以划分为两种类型，分别是编码模式、元素精确定义型限定词，对于前者要求需要根据给定的标准选择 DC 非限定词的值，具体涉及解析规则以及控制字典等相关的标准。对于后者，在添加限定词之后使得元素的含义更为具体，但是并未发生实质性的变化，所以该功能在于清晰化特定元素的基本含义。但是在解析器难以对元素限定词进行解析时，则可将其忽略，然后准确解析出元数据的原意。

(四) DC 的功能

元数据的应用具有重要的价值，其功能体现在多个方面，使得资源使用者基于元数据获取到资源的具体信息，便于对资源进行识别和管理，并实现网络著录等功能。具体的功能可以总结为描述、识别、资源定位以及评价等方面，详细介绍如下文所示。

1. 描述功能

对信息对象的内容和位置进行描述是都柏林核心元数据最基本的功能，便于应用和存取信息对象。

2. 识别功能

DC 提供了多种类型的元素，基于这些元素可以对不同的信息资源进行识别，例如通过格式可以对资源形式进行确定，基于此类信息有助于实现资源的解释，提高了识别结果的准确性。

3. 资源定位

资源定位功能的实现依赖于标识元素，而其涉及到了多种类型，例如有国际标准书号、统一资源标识符等，结合这些信息即可对资源所处的位置进行确定，不会受到时间、空间等因素的限制，能够帮助用户高效获取到网络环境中的特定信息。

4. 资源检索

DC 的重要功能之一在于实现资源检索，即需要提升检索的效率和精度，而基于先前所述的 15 个元素有助于实现资源检索的目标，基于这些元素提升了搜索引擎的检索能力，具体体现在两个方面，首先是实现对检索点的扩展，其次是查找准确率得到提升。在当前网络检索中大部分用户会采用百度搜索引擎，其提供了不同的检索入口，具体包括新闻、图片以及贴吧等六个，在各个检索入口的下方位置会显示进一步的分类信息，例如图片之下包括彩信以及新闻图片等类型，用户只需要根据自身的检索需求设置必要的关键词，然后点击检索，即可高效匹配用户真正需要的信息，然后将其呈现给用户的客户端，采用这种检索策略的优势在于缩小了检索范围，保证了检索的效率和精度。

5. 资源替代

DC 存在资源替代的功能，因为其能够对资源对象做出比较细致的描述，尤其是"描述"元素对资源简明扼要的介绍对原文产生了替代作用，以此满足了部分特殊用户的基本要求，例如这些用户只是想获取一些情报信息，而无须得到原始资料，用户可以自主选择需要的情报信息。

6. 资源评价

DC 的资源评价功能体现在如下方面，用户无须对资源本身进行研究，只是根据资源的基本信息（格式、作者、名称以及日期等）即可形成基本的认识和判断，在此基础上结合相关规范进行评价分析。

综上所述，都柏林核心元数据集在应用中显示出多方面的优势，逐步演变为一种标准，并且在行业内得到了较高的关注和认可。其优势主要体现在两个方面，首先是能力的持续扩展，其次是元素描述简洁。然而未来仍然需要在资源描述上进行研究，实现和搜索引擎的融合，同时借鉴其他元数据的优势进行优化，使其在应用中发挥更大的价值。

（五）DC 与 MARC 元数据之间的映射

针对 DC、MARC 元数据之间映射的研究较多，一个 DC 元素往往与不同的 MARC 字段保持对应，但是也存在部分元素无法获取对应字段的情况。从这个角度上来看，DC 将 MARC 超越，但是 DC 内的信息均可在 MARC 内获取到描述的方式。DC 和 MARC 在内容上保持了较高的一致性，具备了进行转换的条件，但是在字段定义上存在一定的差异性。有学者总结了不含限定词的 DC 与 MARC21 对照的基本情况。

三、资源描述框架（RDF）

在数字图书馆建设中涉及多种类型的元数据，在此过程中必须考虑到的是多种元数据的互操作问题，针对该问题的研究比较广泛，形成了不同类型的解决方案，而其中一种方法是建立标准的资源描述框架（RDF）。该框架的应用具有重要的意义，主要体现在以下方面：首先针对不同内容之间的关联性进行描述，便于完成信息的共享；其次是改善了搜索引擎的功能，提升了用户检索的效率；第三是针对不同内容进行分级处理，并对网页知识产权进行描述。此类功能的应用有助于改善图书馆管理和运营的效果。

在研究 RDF 过程中需要综合考虑到多方面的因素，其中一个关键点在于明确元数据、RDF 等要素之间的关联性。对于信息资源组织而言，必须统筹利用上述工具，以此为用户提供需要的数字资源。关于 RDF 的基本定义以及特征如下文所示。

（一）定义

基于 RDF 能够对网络资源关联性以及基本特性进行客观的描述，其本质上属于一种元数据方案，在此过程中主要利用了 XML 格式，确保在网络中的不同应用实现元数据的交换，实现自动化处理网络资源的发展目标。

（二）组织结构

针对 RDF 的组织结构进行研究，除了公认的三元组织结构之外，资源 (resource)、属性 (properties) 以及属性值 (properties values) 同样属于一种广泛应用的组织结构，而相对于前者而言，可以发现二者本质上是相同的。

（三）特点

1. 易于控制

在元数据格式描述中需要采用间接的方式，如果语法复杂度较高，则会影响到元数据的使用率，必然导致难以获取到元数据描述规范的认可。而采用 RDF 的优势在于控制难度较小，便于进行控制和应用。

2. 扩展性、开放性

RDF 应用的特色之一在于开放性、扩展性，因为通过其对资源进行描述时，将资源描述与词汇集进行了分离，所以必须降低扩展的难度。只要依据 RDF 模式规范，用户即可灵活实现对扩展集的定义，从而满足自身多样化的应用要求。而在资源描述方面依据具体的描述需求可以选择不同的词汇集，这种方式适用性与灵活度较高，显示出广阔的应用前景。

3. 易于数据共享

RDF 实现数据共享的格式主要是 XML，基于这种方式降低了数据共享的难度，提升了数据应用的价值。此外针对含义理解层次上的数据交换，则主要利用了对元数据命名空间进行确定的方式实现。

4. 易于实现资源的多层次描述

通过 RDF 能够实现资源的多层次描述，例如资源的描述、属性以及对应的属性值均为资源，均可通过 RDF 进行描述。而上述思想和面向对象的编程思想基本是一致的，即编程中的子类通过继承父类的方式得到，并且具备了自身的属性和方法，通过这种方式实现了对知识的拓展。

四、元数据、XML、RDF 的关系

在元数据发展与应用中也面临着一系列问题，其中一个问题是不同资源之间的差异性问题，由此导致不同元数据标准的兼容性较低，甚至存在冲突和矛盾问题，导致元数据的应用受到了限制。W3C 针对上述问题进行

了大量的研究，由此设计了一种描述网络资源的语法规范，这属于一种基于 XML 的标记语言体系，其优势在于实现了有效性检验以及自定义扩展等。在后续的研究中进一步推出了一种元数据规范 RDF，同样是在 XML 的基础上实现的，通过这种方式改善了不同标准元数据之间的兼容性，该框架的核心部分在于网络，即通过网络来交换相关的数据。结合上述分析可知，XML、RDF 之间密不可分，前者针对后者的表示语法进行了定义，并为 RDF 数据交换提供了必要的支持。RDF 并未对资源描述的元数据进行定义，只是阐述了资源描述的基本框架，并且用户的自主性和灵活度较高，可以自主定义元数据，从而满足资源描述的需求。本质上可以将 XML、RDF 分别认为是元数据语法规范、元数据语义描述规范。现实中的资源往往具备了较多的属性，比如对某一幅画作进行描述时，则涉及到了作者、名称等基本的属性，这些信息对应的就是元数据集。在此过程中涉及到的大多数资源实际上是 RDF 内的词汇集，其对应着唯一的资源定位符，继而实现对词汇集的标识。由于词汇集众多，而在应用场景上存在显著的差异性，部分词汇集得到了大众的关注和应用，接受度较高，便于理解和应用。但是也有部分词汇集应用范围较小，甚至只是定义者在应用。当前在大部分资源描述工具中采用了都柏林核心词汇集，在 RDF 内同样可以通过这种方式实现对资源的描述。

第四章　数字图书馆的队伍建设

第一节　数字图书馆的人才建设

一、数字图书馆建设对人才的需求

人才在知识经济时代属于关联的部分，对于生产力的发展会产生决定性的影响。而网络化、数字化正是产生数字图书馆建设需求的技术背景与环境。数字图书馆是在信息经济、知识经济的热潮中，为了满足人们更有效地利用与管理信息和知识相关的需求而应运而生的。数字图书馆领域本身是最为具有信息经济与知识经济时代特征的新兴领域。在这样的一个建设领域中，人才无疑是最重要的建设资源，是事业成败的关键。如果该领域中有大量的人才进入，并且这些人才的技能和素质较高，经验丰富，则会极大促进整个行业的发展。反之人才不足，则必然制约整个行业的进步。

20世纪70年代曾经有过一次"信息爆炸"的浪潮，那时人们普遍认为随着科学技术与经济的快速发展，人类社会产生的信息与知识将会呈指数型增长，对于信息的加工与利用成为一个亟待解决的问题，有必要从软件以及硬件层面上解决信息加工的问题，引入信息化以及计算机等先进的技术。因此，这一次对于信息爆炸的充分认识也促使了以计算机为代表的信息处理技术的飞速发展，使计算机这一计算工具从主要为科学计算服务转变为主要为信息处理服务，同时也为这一产业的发展提供了广阔的市场空间。由于计算机的处理能力依照满足摩尔定律的速度发展，而且不光是硬件，软件也在短时间内得到长足的进步，所以它比较好地满足了许多行业对信息处理的需求，使得这些行业的工作效率与效果都得以很大的提高。这其中就包括图书馆行业，在此行业发展中越来越多地引入了计算机工具，在具体管理模式以及效果上相对于传统的人工管理模式出现了显著的差异性。正是由于计算机应用在图书馆的成功，使得图书馆界的工作重点从手工加工为主逐渐转型，对于一些传统的专业人才的需求大为减少，很多人也认为依靠计算机就可以直接将图书馆的所有问题都解决了，图书馆界以后需要的是从事计算机开发与应用的专业技术人员。

90 年代，随着网络的发展，一个完整意义上的信息社会的雏形诞生了。由于信息大量无序的膨胀，使人们又一次惊呼"信息爆炸"的来临。但这一次的"信息爆炸"的热潮与 70 年代那一次有着很大的不同，70 年代的信息爆炸中的信息绝大部分来自于传统的媒介，如印刷型的文献、期刊、报纸，新型的影视与音频资料，绝大多数还是属于非数字化的信息资料，所以解决那一次信息爆炸难题的关键是找到并利用新的信息处理技术，这就是基于计算机处理的信息处理技术的由来。而由于多年来信息处理技术的推广应用，使 90 年代的信息爆炸中的信息多半是由计算机或网络技术环境下产生的数字化信息，此类信息的存在增大了用户检索的难度，无法在短时间内从网络中获取到真正需要的信息。对这一次信息爆炸难题的解决重点已从转换、处理及应用转变为管理、分析及应用上来。换言之，是要找到一些能够真正管理与利用海量信息的技术与方法，使信息从无序走向有序，使信息能得到更为有效的应用。在这样的背景下，图书情报业界的一些专业理论与方法重新受到了重视，因为这些理论与方法是百多年来经实践证明最行之有效的方法，有一些理论在 70 年代后计算机应用的实践中又一次得到了验证，越来越多的学者开始从事相关的研究工作。而将这些理论与方法应用于数字化与网络环境的信息管理已经成为建立数字图书馆的根基，也是数字图书馆员的首要任务。

数字图书馆的运营和发展依赖于高素质的管理人员，在数字图书馆中管理的信息类型以及数量出现了显著的变化，并且在管理模式以及效率上得到改善，但是这并不意味着将会减少管理人员的数目，而是对于大量专业的管理人员表现出更高的需求。尽管信息技术保持了较高的发展速度，且广泛应用到了日常生活的各个领域中，然而在元数据标注以及参考服务等方面依然存在显著的局限性，对于这些领域的应用较多的依赖于人工操作。在这种形势下对于专业化的信息技术人才表现出更高的需求，基于此类技术的灵活应用可以解决信息化建设中存在的问题，例如应用到数字图书馆建设和管理中，将会发挥极大的优势。

数字图书馆相对于传统的图书馆具有明显的差异性，其更多的职能在于信息资源的收集，而不只是关注实体建筑的建设。所以在数字图书馆建设中高度依赖于人工的参与，依赖于专业化的人才充分发挥自身在技术以及知识等方面的优势，从而提升数字图书馆建设和运营。

管理员在传统图书馆管理中只是专注于自身业务相关的工作，而在数字图书馆中则呈现出明显的差异性，因为其更多的精力需要集中在数字图书馆规划和建设中，并且整个过程需要和技术人员进行密切的配合。所以对于新型人才的需求量不断增加。那么数字图书馆建设与运作到底需要什么样的人才呢？本章将对数字图书馆建设与运作中所需要的人才结构、数字图书馆员的角色定位、数字图书馆员应用的能力与素质以及如何来建设与培养这样一支数字图书馆人才队伍等问题做一些初步的探讨。

二、数字图书馆建设所需人才队伍的结构

数字图书馆建设涉及到了多方面的内容，是一个复杂的系统性工程，对于专业性人才的需求量较高。这里所说的人才不只是图书管理人员，而

是具备不同专业技能的高素质人才。在数字图书馆建设中需要建立完备的人才队伍，保持人员结构的合理性，所有人才各司其职，各尽其能，真正满足数字图书馆建设和运营的需求。结合当前的研究可知，在数字图书馆建设与运作中依赖于多样化的人才，具体可以划分为如下几种类型：

（一）管理人才

第一，管理人才属于数字图书馆建设中的关键部分。特别是在建设方案并未完全定型的情况下，对于高级管理人才的依赖性更高，需要他们在方案设计以及规划中起到积极的引领作用，充分发挥自身在决策能力以及建设经验上的优势。

第二，数字图书馆建设属于庞大的系统性工程，该工程的成功与否直接受到管理人才的影响，如果国家或者地区之间的领导层之间密切配合，充分发挥自身职能，则必然会提高工程建设的质量。

第三，过去在数字图书馆建设中始终存在实践和理想模型的矛盾问题，对于该问题的解决效果将会直接影响到数字图书馆的建设质量。基于传统图书馆进行数字图书馆建设属于一种常用的思路，然而必须面对的一个问题仍然是二者之间的矛盾问题。有待于针对上述问题进行更深入的研究。上述问题始终是一个困扰数字图书馆建设相关人员的问题，该问题的处理涉及到了多方面的要素，包括技术、资金以及人员等，如若某一方面存在的问题无法解决，则会影响到数字图书馆建设的水平。人才在这些要素中属于至关重要的部分，需要合理调度各项资源，并且对信息技术发展和应用具备较高的理解力，才能够灵活将这些技术应用到数字图书馆建设中。

第四，数字图书馆与图书馆自动化不同，因为后者已有着成熟的技术与模型。数字图书馆的建设就像将一个个已知的技术方案作为零件组装起来，成为一个完整的系统，但是目前这个系统并没有一个放之四海而皆准或者相对比较完整的设计方案。这样的系统往往因各个数字图书馆建设实体的资源组织、资源管理与服务模式的不同而有着很大的不同，同时也受各个单位的人力、资金与各种条件的限制，所以必然增大了设计与管理的复杂度。如何来设计与组装符合自己单位的实用系统，这里最主要依靠的是管理人员的创造能力与其对技术的理解能力。

综合考虑存在的问题，必须在思路和理念等方面不断创新，以此解决在数字图书馆建设中所面临的诸多难题。依据先前的研究可知，解决这些问题的关键是高素质的管理人才，他们不仅需要具备基础的专业知识，而且应该具有较强的实践能力和丰富的经验，这对于数字图书馆建设和运营各项工作的开展会产生决定性的影响。由此来看，在所涉及的管理和技术问题中，前者表现出更高的重要性。但是依然有很多并未解决的技术课题，针对此类问题有必要在技术层面上加大投入。对这些问题的解决，显然并不能依靠我们图书馆界的数字图书馆建设者们去完成。而对我们所拥有的传统的信息管理理论与方法的应用，对新兴的信息技术的应用，并使之切合我们自身每个单位的特点，使之组合成为一个有效的应用系统，则一定要依靠我们自己的管理人员来完成。

对于数字图书馆建设与运作的管理来讲，所需的管理人才也是多种多样的。有的负责决策与规划，有的负责具体业务的开展和服务，还有的参与到了技术开发等方面。对于一个较为大型的数字图书馆系统建设来说，要求管理者具有面面俱到的能力是不现实的。为满足数字图书馆的建设与运作的要求，探讨管理者应具有的管理能力与素质问题，我们将相关的能力与素质要求列出，但这里并不等于说每一个管理者都应具有所有相关的能力与素质。

数字图书馆建设和运营管理人才需要达到的要求主要体现在如下方面：

卓越的领导才能，在决策管理等方面起到积极的带头作用。

准确理解数字图书馆建设的相关内容。

洞察信息技术的发展趋势，重视对新技术的关注和研究。

掌握图书馆基本理论和方法。

具体图书馆相关业务的经验以及技能。

具备良好的人际关系组织和协调能力。

具备一定的技术管理能力，涉及到了网络集成等方面。

具备一定的学习和创新能力，解决现有业务中的难点、痛点问题。

与外部企业或者特定对象的合作沟通能力。

具备较强的市场运作能力。

（二）数字图书馆馆员

在数字图书馆运作中，数字图书馆员主要指的是与信息组织以及管理有关的人员，其实际上与传统图书馆员在基本职能上存在一定的相似之处。

结合先前的分析可知，数字图书馆员属于数字图书馆建设与运作中的关键部分，但是数字图书馆员的具体定义是什么呢？或者是达到什么要求才是合格的呢？针对这些问题有待于继续开展相关的研究，在现有的研究中已经出现了不同的定义，一般指的是可以达到数字图书馆建设与运作要求的人才。

相对于传统图书馆员而言，数字图书馆员在部分工作上应该是保持对应的。在传统的图书馆中，图书馆员需要为用户提供高效的检索工具，使其在最短的时间内获取到需要的信息。而这在数字图书馆中同样是需要实现的，即应该具备在海量信息中快速检索特定资料的能力，从而为读者提供高品质的服务。

如何来对数字图书馆资源进行更好地组织与管理是值得探讨的一个课题，甚至可以说是最重要的课题。实际上，这也是对数字图书馆需求的根本起源。

参考咨询也是图书馆员的基本职能，即需要作为信息和用户之间的媒介，可以认为是知识导航员的角色。这项传统的重要工作，实际上是包含两个方面的内容。第一，用户总是需要帮助来获得他所需要的信息，无论这些信息是否已经数字化。当然开发上面介绍的检索系统能使这个工作变得更为方便，但是使这样的系统能够做到像今天的参考工作那样的有效则是需要进一步的研究；第二，用户所面临最困难的部分是如何来获得数字图书馆的服务，如何来连接上数字图书馆的网络。在今天，互联网是个很好的选择，但不管什么样的物理连接方式都会造成用户费用上的负担。另一个选择是到一个实体的图书馆中，而通过这个图书馆的数字图书馆终端则可以访问到其他图书馆以及整个广域网上的数字图书馆资源。

在传统的图书馆管理中，馆藏建设属于一项重要的工作，依赖于馆员之间的协同配合开展具体的工作。在此过程中，馆员需要对全部可以获取的信息资源进行评估和筛选，在此基础上采购真正需要的资源。

当前在数字图书馆中存储了多种类型的资源，不同的资源在组织管理模式上存在一定的差异性。其中网络资源的存取难度较小，便于进行管理和应用。但是这容易导致对其他传统资源组织的忽略，特别是在部分情报咨询部门中更为显著。相对于数字化资源，传统的印刷型资源在权威性以及可靠性上具备了一定的优势。为了得到更完整的信息资源，未来在藏书建设政策上必然会出现一定的变化，对于数字图书馆员不仅需要适应这种变化，而且需要持续学习类似的策略，从而保证信息资源储备达到用户的要求。

（三）技术人才

传统图书馆主要以印刷型文献作为主要的管理和服务项目，而相比之下，数字图书馆主要以数字化资源作为管理服务项目，这就需要从事数字图书馆建设和服务的人员必须具备一定的信息技术能力。正如在传统图书馆中，由于工作积累，在文献整理和校勘领域逐渐涌现出了诸多技术专家。对于数字图书馆的建设和运作而言，如果无法熟悉和掌握数字化资源的管理特征、熟练操作相关管理和存储工具，是很难胜任这项工作的。而通过在数字图书馆建设中不断积累经验和提高业务能力，在现有的数字图书馆工作人员中，出现一批对数字化资源管理、运作以及相关技术有相当造诣的专家也是有可能的。因此，数字图书馆的建设和运作需要大规模高层次技术人才。因此这一行业实际上是一个技术密集型行业。

对技术人才的需求也包含两个层次的含义：一是要培养和引进数字图书馆建设和运行的高层次综合技术人才；二是加快传统图书馆工作人员的

转型，提高自身的信息技术掌握能力，否则无法满足数字图书馆行业可持续发展的需求。

那么我们到底需要一些什么样的技术人才呢？这可以从技术与具体的工作内容两方面来加以界定。

（1）从技术内容来看。建设和运作数字图书馆除了需要数字化技术、网络技术以及信息管理技术外，还涉及到多媒体和内容发布、服务器以及个人信息终端等专业技术。在这些技术中，数字化与信息管理与传统的图书馆建设有一定的相关度，而后面的三项技术内容对图书馆员来讲则是全新的信息技术内容。

（2）从具体的工作内容来看。建设和运作数字图书馆所需要的技术工种主要涉及到以下几类：

开发主管与系统设计。

软件工程管理。

核心技术开发。

编程人员。

网络规划与设计。

网络管理与维护工程师。

网站工程师。

小型机与大型机服务器管理。

个人信息终端支持。

资源数字化专家。

内容管理专家。

美工与设计人才。

多媒体制作专家。

同样在上述工作内容中，有一些可以由传统的图书馆员通过培训与学习顺利转型而来。而其中大多数都是需要全新的信息技术知识与能力，这些知识能力甚至经验与传统的图书馆员的专长差之甚远，这就更需要我们的绝大多数图书馆员跟上时代的步伐，付出加倍的努力。

当然，由于数字图书馆的建设与运作是一个技术含量较高的领域，其中涉及一些高级的技术人才（尤其是在初创的建设阶段）以及纯粹的技术工作（如编程人员），对于这些人才的需求往往可以用外包或合作的形式来加以解决。这是因为，在建设初期所需的技术人才，一旦在建设阶段结束进入正常运营的阶段后就不再需要了。其次从当前图书馆的实际运作情况看，它也不具备培养高成本信息技术专业人才的能力。国外部分图书馆将信息技术支持整体对外打包。此类做法，能够让图书馆以较低的成本享受到专业化的服务，同时让人才利用的社会化分工使得专门人才的使用效率得到最大的发挥。而传统的做法使得图书馆很少能得到最好的技术人才，即便是能够匹配到相应的人才，通常会导致人才高消费现象，最终也难以形成稳定的人才队伍。

但是以上的做法并不是说我们不需要专门引进专业的技术人才。对于我国大多数图书馆而言，存在明显的技术人才匮乏现象。尽管有着各方面的原因，但是技术人员的引进不足也使得整个图书馆行业缺乏技术氛围，由于没有相应的技术人员的带动，图书馆内部无论是专业人员还是管理人员所掌握的信息技术知识及技能有限。而建设和发展数字图书馆是一个相对复杂的系统工程，缺少信息技术是一个致命的弱项。因此必须强化技能人才的培养和引进，这对于搞好数字图书馆建设是十分重要的，尤其是在数字图书馆的初创阶段。

总体而言，根据数字图书馆的建设需求，当前亟待引进专业化的技能型人才，不仅需要精通现代信息技术，同时要具备一定的管理应用能力，而对于开发以及后期技术维护等相关工作领域的人才可以利用外包或者外协的方式来解决。

（四）市场营销人才

显然，数字图书馆与传统图书馆二者有着不同的定位。传统图书馆的职能定位，基本上以文献资源收藏为主，各图书馆有着相对固定的服务对象，大多局限在某一个城市、某一个社区甚至某一个学校范围内。由于区位因素相对固定，各图书馆之间在客户上大都不存在直接竞争。可以这么说，原来的图书馆是没有多少市场意识的，可能也正是这一点，使得在信息社会到来之际，传统图书馆逐渐显现出在信息服务领域的弱势和不足。

而数字图书馆则完全不同，其理念就是基于现代通讯网络阵地上，可以不受时空限制地为用户服务。因此对于相同的市场区域而言，各个数字图书馆之间必然存在着直接竞争。那么数字图书馆要实现自身的生存与发展，在竞争中赢得先机，就必须注重市场营销。相比之下，传统图书馆具有鲜明的公益性，而数字图书馆是否具备这一特征尚未形成定论。数字图书馆的生存与发展，必然是以成功有效的市场营销为基础的，因为相比传统图书馆，数字图书馆已经不存在时空地域限制，而是存在着更大的被替代可能性。因此，数字图书馆在建设初期就必须强化市场营销观念，明确把握用户的现实需求，找准自身市场定位，塑造独特的核心竞争优势，进而能够在日趋激烈的数字图书馆市场竞争中站稳脚跟。

这样的定位就带来了数字图书馆对市场营销人才的需求。严格意义上来说，市场营销观念应是数字图书馆建设的出发点，因此市场营销人才这一在传统图书馆中找不到位置的专业人才应成为数字图书馆建设的排头兵。相比其他领域的市场营销显著不同，数字图书馆的市场营销，实际上是为广大受众提供信息市场及产品服务，其产品本身就是一种市场服务，并且以信息或知识作为服务内容。从这一层面看，数字图书馆营销人才必须深刻认识和把握信息市场营销特征及规律，熟练掌握信息服务的业务内容，甚至还要熟知传统图书馆的相关服务项目。

从工作内容上来看，数字图书馆市场营销人员的工作范围主要集中在：通过组织开展市场和用户调研来分析市场需求、找准市场定位、制订营销战略、市场促销等等。

（五）法律人才

建设和发展数字图书馆的过程中同样会涉及到诸多法律事务，因此法律人才是数字图书馆建设和运营过程中不可或缺的一部分。由于建设数字图书馆所涉及到的问题相对新颖，涉及到的范围过于宽泛，因此在当前的法律框架中，往往无法找到确切的法律依据。由于存在法律的不确定性以及实施障碍，进一步加大了数字图书馆的法律人才需求。

对于数字图书馆建设来说，所配备的法律人才首先应当是版权领域的专家，他不仅仅能够为数字图书馆的建设运营提供版权保护政策，组织开展版权商讨与谈判，同时还能够为数字图书馆的建设与运营提供强有力的知识产权保护。此外，建设和发展数字图书馆需要的资金相对庞大，往往涉及到采购设备、研发技术以及外包协作等商务运作内容，因此应当配备熟知合同法相关的专职法律人员或兼职法律顾问。同时，数字图书馆的具体运营过程中还涉及到用户服务以及服务质量和项目内容的相关纠纷，同样需要在合同法的基础上进行解决，需要配备相应的专家和工作人员。

对于相应的法律人才需求，外聘的法律顾问是必需的。同时，专职的法律专业人员也是不可或缺的，尤其是对原来规模较大的单位来说，其原有的业务需求再加上数字图书馆建设中大量的版权及合同事务，至少需要配备一至二名专职的法律事务工作人员。

三、数字图书馆员的角色定位

从社会学层面看，角色是指与人们在社会中的身份地位相统一的相关权利义务的规范和行为模式。图书馆员这个角色，在以往几十年中发生了显著变化。这个职业角色随着传统图书馆不断向图书馆自动化、电子图书馆以及数字图书馆的发展而产生了显著变化，管理的信息资源特征、服务模式和工作内容都有所不同，由此可以看出，图书馆员的职业角色变化显然不受人的主观意志的决定。对于现代化的数字图书馆员来说，其角色变化首先体现在称谓上，在这一领域出现了知识出版者、知识导航、知识领航员以及信息管理和传播者等新兴称谓。1993 年，比利时人米歇尔·鲍文斯首次利用 Cybrarian 代指利用网络技术采集和管理信息并提供相关服务的职业者。

尽管社会领域产生了五花八门的角色称谓，大多是学习某一个视角或某一部分呈现数字图书馆员这一职业角色的变化以及相应职能。在这些称谓当中，本文最认同的当属知识导航员。

随着传统图书馆向数字图书馆的转变，传统图书馆员的职业角色逐渐发展为知识导航员，集中体现了图书馆发展理念的变化。传统图书馆中的职业人员的管理对象主要是传统文献信息，实际上是在文献和读者之间提供了中介桥梁作用，所从事的基本上是相对简单被动且重复的工作为主。而知识导航员是在全面把握用户现实需求的基础上，借助现代化信息技术，通过自身拥有的或者网络平台上所收集的信息资源，打造全面便捷且庞大的知识库，从而为用户服务，让用户能够高效便捷地找到所需知识。

由此可以看出数字图书馆员的角色与传统图书馆的保管角色和职能存在一定差异，不是简单地提供中介桥梁服务，而是积极主动地了解和把握用户需求，然后借助现代信息技术和网络平台，广泛收集和整理相关信息知识，在经过一定的加工融合的基础上提供给用户，最后还能够为用户查找和使用信息提供便捷化的现代信息技术工具。简单来说，数字图书馆员能够为用户在知识海洋当中遨游提供导向作用，发挥了更为积极主动的职能作用，而不单纯局限于简单重复的保存和传递。

针对数字图书馆员的不同角色内涵，来自美国克罗拉多州的图书馆员 Nancy Bolt 详细论述了随着信息高速公路时代的到来，图书馆员的角色变化，最终认为信息网络时代下图书馆员的角色等同于知识导航员，其角色内涵不仅仅包括了知识提供者、知识中介等职能，同时包括知识教员、知识创建、知识组织及知识交流等功能。

随着数字图书馆理论和实践研究的逐步深入，大幅加快了行业技术发展速度，但即便是再智能化的技术也无法替代数字图书馆员所能发挥的职能作用，同样当前也没有创造出能够实现数字馆员自动化的技术。传统图书馆员向数字图书馆员角色的转变过程并不是积极主动的，而是在巨大职业压力下做出的被动改变，需要在心理上做好准备，同时更新相关观念，提升自身的知识和技能。而随着信息技术的不断冲击，社会中涌现出了丰富多样的信息资源，由此大幅削弱了传统图书馆的职能作用，整个社会对传统图书馆的需求不断缩减，由此引发了角色退化和地位降低。随着数字图书馆的逐渐兴起，让传统图书馆员陷入了巨大的职业瓶颈，在面临职业挑战的同时也是一项重大机遇，能否实现角色转换和职能转型关键在于自身能否积极主动地适应外部环境变化。

四、数字图书馆员的素质与能力要求

数字图书馆员是建设和发展数字图书馆的中坚力量。这就要求数字图书馆员不仅仅要熟悉掌握传统图书馆的管理和服务项目，同时要精通现代信息技术和网络通信技术，并做到熟练应用。由于数字图书馆自身还处在不断兴起和发展的过程当中，随着各项新兴技术的更新和完善，由此对数字图书馆员积极适应外部环境变化提出了更高要求，基于动态变化的环境，要求他们应当不断地更新自身的知识和技能，本文认为数字图书馆员除了应当具备计算机技能、信息素养之外，还应当具备终身学习能力。

（一）信息素养

所谓信息素养，简单来讲就是获取、查找、评价和使用信息的能力，并且能够借助这一能力带动自身终身学习。进一步扩展信息素养所涵盖的信息能力，就是能够明确把握外在信息需求，同时可以对所获取的信息展开综合性的分析，并利用一定的形式将信息结果与他人进行沟通和交流，能够为他人所利用。

1992 年，Christina Doyle 在结合 Delphi 循环问卷法的基础上，参照美国136 名受访者的意见，进一步阐释了信息素养的定义，即从各种多样化信息中获取、评价和使用信息的能力。可进一步细分为以下十种：

（1）能辨识自己的信息需求。

（2）能了解完整的信息与智慧决策之间的关系。

（3）能有效地陈述信息问题，表达信息需求。

（4）知道有哪些有用的信息资源。

（5）能制订妥善的信息检索策略。

（6）能使用印刷型及不同方式储存信息资源。

（7）能评估信息的关联及有用程度。

（8）组织信息使其有实用性。

（9）吸收新信息使之成为自己知识结构的一部分。

（10）能利用信息进行批判性思考及解决问题。

在信息社会中，职业者的信息利用能力是提高其职业竞争力的重要利器。尤其对于就业与信息领域的数字图书馆员而言，信息素养更是必备的职业素质和能力。对于当前的数字图书馆而言，其典型的特征就是以网络为载体建构知识和信息体系。数字图书馆员在数字图书馆的建设和运行过程中，更应当以信息为中心，提高自身对信息的认知和应用能力，积极学习社会中不断涌现出来的各类新兴信息知识，同时提高自身管理、加工和利用这些信息的能力，由此可以看出，信息素养已经成为数字图书馆员能力结构体系的必要构成部分。

在网络时代背景下，数字图书馆员应当积极学习和把握如何明确用户的信息需求，在认识数字信息及其网络运行环境的基础上，能够正确辨别数字信息价值，学会如何在信息环境下查找和获取数字信息，能够综合利用数字信息，同时能够与其他信息机构和同行之间展开合作，不断提升自身的信息素养和能力，适应数字图书馆建设运作需求。数字图书馆员需要坚持学习，不断充实自身的信息储备，以更高的信息素养，为目标用户提供更为全面且专业的信息服务。

（二）计算机素养

与信息素养相对应的，必然也要求从业者具备较高的计算机素养。因为现代信息社会中，计算机技术是一项不可或缺的工具和平台。如果无法熟练掌握计算机等相关专业技术，不具备相应的操作能力，相应的信息素养能力也必然不高。

计算机素养，也有人称其为工具素养又或者是信息技术素养，其实质上就是操作利用计算机或者掌握各类信息技术工具的能力。该素养主要是侧重于强调管理和操作能力，并不是将人作为被机器操纵的主体。实际上，计算机素养是信息素养的必要构成，它将信息知晓转向了信息工具和手段的应用上。

随着科技进步，社会信息量的剧增，引领每一个人去积极的学习和掌握时代中不断涌现的新兴计算机技术，在掌握这一有效工具的基础上，更为高效的利用信息。这也是必须充分重视计算机素养的原因之一。当然计算机素养是为信息素养这一综合性能力所服务的，相比之下，信息素养的含义更为广泛。

作为一种素养来说，并不是一种具体技能的指称。不同的主体所提出的需求素养存在差异性，并且需求层次也有所不同。美国外语教育委员会对计算机素养进行了进一步的界定，划分成五个层次。这五个层次分别是游客级（偶尔为之的用户）；寄居级（日常用户）；航行者级（专业用户）；探索者级（高级用户）以及大使级。下面我们简单介绍这五个层次不同的能力与技能要求。

1. 第一级：游客级（偶尔为之的用户）

①能力：能够用计算机预先安装的娱乐或教育软件包，或者借助数据库、文字处理器以及电子试算表等工具实现简单任务目标。此级别用户基本上是在有需求的时候能够应用相关技术。

②技能：知晓如何使用操作系统，并且能够完成最基本的应用程序处理，比如管理文件、安装或运行程序等。同时还具备管理硬盘文件以及独立学习应用程序的能力。能够正确理解计算机硬件和具体操作的相关概念。

2. 第二级：寄居级（日常用户）

①能力：能够熟练应用相对狭窄范围内的特定应用程序，比如可处理具体作业任务以及桌面出版等，这些应用任务有可能是电子试算表、图形制作、文字处理、桌面出版等。能够熟练掌握 1~2 个应用程序，同时熟知其他应用程序。

②技能：能够管理更高级的应用程序和操作系统，比如管理硬盘。可熟练应用程序中的快捷键、个性定制应用程序。同时可以利用邮件的方式进行简单交流，或者借助万维网搜索查询信息。同时还能够处理简单的系统故障问题。

3. 第三级：航行者级（专业用户）

①能力：具备运作大范围应用程序的能力，积极应对创新性工作要求，比如，高级桌面出版计划、小型企业管理以及多媒体报告等。能够建立多个应用组合，比如数据库、电子试算表、文字处理器等，利用这些应用组合来管理大型项目，为不同项目选择最贴切的应用程序。专业用户具备创新和引导应用技术的能力，能够创建和完成无法利用其他方法完成的任务。

②技能：专业用户可以用多个应用程序。比如熟练应用电子邮件或其他创新应用，可利用万维网下载信息，可以管理和操作不同文件格式并掌握相关工具。还可以完成简单的硬件安装和升级。

4. 第四级：探索者级（高级用户）

①能力：不仅能够以专家眼光选择商业应用软件，同时能够为选择共享软件和工具提供有效解决方案。能够将不同来源的数据有效组合起来。高级用户同时还可以打破应用的局限性，实现应用功能扩展，比如专业用户往往可以制作一个网页，而高级用户会在这一网页上附加多媒体特征，善于解决各类问题。

②技能：熟知并能够编写一些程序、脚本，借助这一技能进一步开拓和扩展应用程序。已经熟练掌握硬件升级能力，比如用熟练应用类似于视频捕捉的多媒体外设。

5. 第五级：大师级（大师级用户）

大师级的计算机高手几乎能够掌握所有的应用程序和外设，并且能够将其作为个人娱乐和用来提高生活和工作境界的工具。

以上即是对计算机素养的一种具有操作性的具体定义与要求。对应上面的五级能力层次来讲，我们认为数字图书馆员最低应具有第二级的能力，因为这样的能力要求是我们对信息检索、处理以及进行交流利用的基本保障。当然最好能达到第三级甚至第四级的能力，这样才能更高效、更有质量地完成信息服务的任务需求，相应的能力也将能够保证数字图书馆建设与开发的需求。

需要指出的是，信息技术本身的发展是日新月异，同时软件与相关知识更新的速度也非常快。这就导致了对具体的应用能力与技术来讲，今天的高级技能也许在明天就没有用武之地了。由于计算机终端设备本身的变化，计算机素养这个词也许明天就变成了个人信息终端素养了。因此，在计算机素养的能力培养与评判上，应强调对计算机或者信息技术基本概念的掌握，强调学习各项新兴知识技能以及解决问题的能力。

（三）自我学习的能力

如何来培养或找到一个合格的数字图书馆员呢？哪些技能、经验或品质应该是被看重的呢？对这个问题的回答可以有两种不同的角度。一种是看重现有的知识与技能，从现有的具体工作与技术要求出发去挑选人才。而另一种则是从自我学习的能力出发，从未来发展的潜力出发去挑选人才。

数字图书馆的概念以及建设运营都处在逐步发展和完善的进程当中。今天也无法预测其未来发展趋势以及有可能涌现出来的新兴技术和所开辟的领域。我们所能肯定的就是永远处于动态变化中的这一主题。而数字图书馆作为信息技术最具前沿性的应用领域，必然面临着更多更快速的变化。基于这样的环境，数字图书馆员必然需要积极的适应外部环境变化，坚持学习更具创新性的知识和技能，才能够不断满足行业领域的发展需求。

从前文所讲述的数字图书馆员应具备的信息素养上看，其内涵是指信息素养、计算机素养和终身学习能力的有机统一。必须具备信息理解力，能够找到信息并会处理和分析信息，而完成这些工作必然以计算机或其他相关信息技术为工具，而在信息处理过程中又会逐步提高自我学习的能力，同时为树立终身学习理念提供必要的养分和资源。

从自我学习这一素养上看，数字图书馆员所具备的素质和特性主要有：

（1）能够坚持学习、快速学习新的知识和技能。

（2）保持灵活性。

（3）怀疑一切。

（4）敢于冒险。

（5）对公众服务的热情与认识。

（6）团队精神。

（7）鼓励与促进变革的能力。

（8）独立工作的能力。

五、数字图书馆员的技能要求

作为数字图书馆员来说，其自我学习能力素质是最重要的，但是对于目前的建设应用来说，明确数字图书馆员应具有哪些基本的技能，对于我们在人才队伍的建设规范、人员配置乃至作为数字图书馆员学习的方向指导都是很必要的。当然，对于其中的信息技术技能的要求与内容来讲，只能是作为在目前的环境与技术条件下的一个参考，在今后的发展中这样的要求会随着发展而不断变化。

我们认为对于数字图书馆员来说，其当前所掌握的基本技能能够满足建设和发展数字图书馆的需求，基本上包括创建和获取数字化信息、管理组织信息、信息检索以及发布和服务等。

在上述工作任务中，信息管理、组织、检索等素质可以沿用传统图书馆和图书馆自动化等发展阶段下的相关理论方法，这些技能也是图书馆从业者的长处。但随着数字图书馆时代的到来，需要将上述技能需求置于现代化网络环境下，利用现代信息技术来完成，因此就需要掌握更多的网络和计算机知识和应用技能。

（一）计算机的技能

就计算机技能而已，主要掌握以下三部分：

（1）操作系统。具备操作主流操作系统的能力，熟知和了解当前的主要操作系统类型。

（2）硬件知识。即掌握硬件的基本概念、具有处理简单硬件故障的能力。

（3）软件系统。能够精准地理解和把握所应用的程序和数据库等，甚至可以借助特定开发工具完成特定任务。

（二）网络技能

当前的网络环境而言，无论是局域网还是互联网，最关键的是要掌握网络的相关概念和构成模式。其次是熟知网络环境下的各类信息资源，能够借助各类特定工具在网络中查找和筛选相应的信息知识，也就是熟练掌握搜索引擎的应用能力。最后是能够在网络平台上发布和管理信息并提供对外服务的能力。那就需要具备一定的 WEB 技术能力，能够独立创建网站和主页，熟练应用网络通信工具与用户之间展开沟通和交流。

至少应当掌握的计算机和网络技能主要包括：

（1）网络搜索引擎。

（2）搜索技巧。

（3）对专业及重要网站的熟悉。

（4）网上数据库的检索。

（5）解决 PC 等信息终端一般问题的能力。

（6）使用电子邮件。

（7）对主流操作系统如 WINDOWS 等的掌握。

（8）建设网站的能力。

（三）综合技能

数字图书馆员所需掌握的综合技能如下：

（1）图像技术（对数字化图像的处理等相关概念）。

（2）OCR（光学字符识别，主要应用于传统印刷品数字化的技术）。

（3）标记语言（如 SGML/HTML/XML 等）。

（4）编目与元数据。

（5）索引与数据库技术。

（6）用户界面设计。

（7）程序编写。

（8）Web 技术。

（9）项目管理。

六、数字图书馆员的教育、培训

近年来，国内外涌现出了诸多关于数字图书馆的研究开发项目，投入了大规模资金。相比建设数字图书馆的投入而言，国内外关于数字图书馆员的教育培训显现出明显的匮乏性。迄今为止，尚没有一个大型的专事数字图书馆建设与使用者的大型教育或培训项目出现。配备一支合格的数字图书馆运行团队，最有效的方法就是组织有针对性的教育和培训。

（一）教育与培训的不同

尽管教育和培训都是提高人的知识和素养的重要手段，但二者之间的侧重点不同。通常而言，教育主要以理论知识概念方法为主，同时涉及到如何应用工具和如何解决问题，但很少涉及到工艺流程的相关知识。教育主要是以各类院校来承担，形成了完善系统的理论体系和方法，在这一体系的支撑下形成了相对专业的职业教育内涵。而培训主要是以经验传授为主，或者函授完成某一项具体工作任务所需的技能。通常而言，在完成教育培养的专业人士进入社会工作岗位前需要经过定期的专业培训，才能更好的适应岗位需求。这一点，图书馆专业是如此，其他专业也大抵如此。

从教育和培训二者的区别上看，教育占据着更重要的地位。教育能够为专业人士储备知识、技能提供概念和理论支撑，提供问题解决方法等，这显然与专门传授某项工作技能相比更为重要。在建设和运营数字图书馆的过程中，由于社会技术更新速度较快，对从业者提出的技能要求也在不断变化，因此很难精准预测未来工作所需要的技能。掌握基本的理论和方法，同时具备持续独立学习和解决问题的能力就更为重要。同时掌握特定的理论和知识背景，也是更好地接受和完成培训任务的必要前提。当然在培养数字图书馆员过程中，教育和培训是提高从业者知识和技能过程中必不可少的工具。因此在具体应用过程中应当做好两种方法的平衡，在确保数字图书馆员拥有专业知识技能的同时，能够积极适应外部环境提出的动态化技能需求。

（二）教育与培训的方式与内容

1.教育与培训的形式

教育和培训拥有多种形式。部分学者认为教育和培养图书馆信息人才的路径主要有两种，其一是图书馆内部培养，主要是通过建立人才培训中心来完成；依据图书馆的发展需求按照不同批次实施轮训；规模较大的图书馆可以申请开设硕士和博士培训点，培养更高层次的信息人才。其二是社会协助培养。主要是依据当前的图书馆学情报学等教学内容，改革方向，对当前的课程体系进行重组和创新，确保所培养输出的信息人才与社会发展需求相适应；充分借助各大院校的资源优势，提高社会函授力度；同时积极发挥情报所占据的传统人才培养优势，为图书馆事业发展输送更多专业人才；与国外教育机构或公司合作建立人才培训中心。这些建议对于数字图书馆人才建设的途径也有着相当的参考价值。

就培训形式而言，可以加强培训技术手段，充分利用新兴的网络技术开发出与数字图书馆相契合的培训教程和体系，可以将这些教程投放到广域网或局域网上，由此可以让广大员工随时随地学习。同时由于这些培训必然涉及到专业技术知识，并且于网络平台中学习更能够提高员工的实际操作能力，取得更好的效果。其次可以进一步扩展培训外延，比如积极鼓励各类技术人员广泛参与行业交流会以及社会中的专业培训课程。同时还可以邀请相关企业展开现场演示，这也是组织开展技能培训的有效路径。其他的方法，比如积极鼓励员工参与行业技术交流，加强与同行业专家管理理念和技术技能的沟通，能够在较短的时间内迅速提升员工的知识和技能。此外，积极参与数字图书馆研究课题也能够掌握最前沿的理论和方法，最好是能够参与全球行业交流。有条件的图书馆可以选送部分骨干走出国门参与国际培训，积极学习和掌握国外最先进的数字图书馆管理理念和应用技能，也会在交流的基础上带来国际合作的可能性。

2.教育与培训的途径

从另一个角度来看，数字图书馆员的培养无非是通过教育与培训两种途径。就教育而言，我国当前主要以高等教育体系为主阵地，负责为社会培养和输送数字图书馆的专业高层次人才。而就培训来说，其培训主体主要是图书馆自身。无论采用哪种培训方式，首先应当做好培训规划和投入。只有具有完善性的规划，才能够建立科学有效的培训机制，才能稳步推进培训工作。而投入就是为培训工作提供必要的资金后盾。实际上对社会组织而言，组织开展员工教育培训能够实现良好回报，是一项收益相当可观的投资。同时这样的投入有助于员工的长期发展，最终实现组织和员工双赢，因此应当充分认识教育培训的重要性，加大教育投入并强化落实。

3.教育与培训的内容

数字图书馆员教育的主要任务应由高等院校承担，但怎样的教育模式与内容才能培养出合格的数字图书馆员呢？这个问题在国内外都处于摸索阶段。由于客观环境的变化，我国的图书馆学情报学教育本身处于变革时期，原先的面向单一图书馆学情报学专业能力培养的模式正在打破。有人提出，当今的图书馆学情报学专业应立足于更大的培养综合性信息人才的层面上，课程内容应以一个核心（信息管理专业知识课程）、三个支撑点

（外语、计算机、管理），若干专业方向为基本内容，这里的若干专业方向则是针对应用方向的不同而分别做出专业选择。类似地，也有人提出以基础课系列、核心课系列、应用分支系列的结构作为信息人才教育的基本结构。这些提议都提出了很好的教育内容的结构安排，我们可以将数字图书馆员的培养视为众多信息人才需求中的一个专业方向，对于这样的专业方向应该安排一些怎样的教学内容，这一点国内的高等教育体系对此所作的探讨与努力就显得有些不足。

（三）自我学习

在前文中我们讲到数字图书馆员应有的素质与能力时，我们提到的很重要的一条就是自我学习能力。尽管我国当前的数字图书馆员培训主要以正式的教育培训为主，但依然不能忽视从业者的自我学习能力。由于数字图书馆处在动态发展进程中，因此提出了动态化的知识技能需求，而正式的教育课程由于开发周期有限，培训内容相比行业发展具有一定的滞后性。因此这就要求图书馆员应当具备一定的自我学习能力，积极主动地提高自身的知识和技能。此外，在具体工作实践中不断积累经验和提高操作技能，也是增进个体自我学习能力的重要基础。

就传统图书馆员的职业角色而言，需要利用继续教育来加快职业转型，由此才能更好地适应社会发展，才能在图书馆事业发展进程中找到自身定位。数字图书馆的产生与发展，对于传统的图书馆员来说，是挑战也是机遇。我们要认清形势，强化职业的风险意识。从自我学习的角度来说，主要有两个方面，一个是自身的自学能力，另一个是自我学习动力。后者强调自身积极主动地加强教育培训投资，将传统思维下的被动学习转化成积极主动地学习。从未来社会发展及职业变化上看，教育投资有较高回报，这不仅仅有利于组织发展，对个人职业成长更是如此。

（四）数字图书馆员对用户的培训

除了强化图书馆馆员培训外，数字图书馆还需要组织开展用户培训。因为相比传统图书馆，数字图书馆是一个全新的组织架构，而用户对新生事物的接受和使用是一个缓慢的过程。基于现代计算机和网络技术，与传统图书馆馆员相类似，许多用户不具备使用现代化设施的能力和经验，因此需要展开必要的教育培训。同时，在网络平台环境中，数字图书馆可能相对缺乏人与人（用户与图书馆员）之间的直接交流，如何在网络环境下寻求帮助及掌握进行交流的技巧对于用户而言就是十分重要的必备知识技能。建设和运行数字图书馆的最终目标是服务于用户的使用需求，而不是展现开发者的某项技能，实际上，只有确保用户能够熟练应用数字图书馆，同时能够借助这一服务过程创造直接或间接的效益，才能够确保在数字图书馆中所投入的资金实现了价值。因此用户培训也是数字图书馆建设的重要环节。

与传统图书馆不同的是，数字图书馆更为强调的是个性化的服务，强调与用户的交互作用。在这样的环境中，用户在某种意义上来说也对数字图书馆的建设与发展做出自己的贡献。数字图书馆的使用效果及发展与用户的使用技能及创造力成正比，用户如能得到充分有效的训练也就是对数字图书馆的发展与利用打好了基础。另外，传统图书馆担负着一定的教育职能，数字图书馆同样也具有相同的职能。利用数字图书馆的多媒体特征，在用户的教育方面数字图书馆相比传统图书馆有着与生俱来的优势。利用数字图书馆的资源与技术条件来对用户展开教育培训是数字图书馆的任务之一，而教育培训的内容也并不单纯局限于引导用户正确使用数字图书馆。

所以对用户的培训工作一定要纳入整个数字图书馆的工作计划中，这样才能使用户的培训工作受到重视，进而有条不紊地进行。对用户的教育培训手段可以利用数字图书馆本身多媒体及网络环境的优势，利用线上或远程教育，同时也可以为用户提供各种帮助手段来引导学习。而在用户培训过程中，也不能忽视传统培训教育方法的重要性，由此能够让部分对新兴技术相对陌生的用户，能够尽快熟练掌握新的应用方法、适应网络应用环境。

七、人才外包与合作

人才外包就是将数字图书馆的人力资源需求委托给外部专业个人或机构来实现。将人力资源项目外包的目的在于提高人力资源利用的效果与效率，减少数字图书馆的建设与运作成本，提高数字图书馆的建设与服务水准。

数字图书馆存在的主要任务是为特定用户提供专业知识或信息服务。从工作内容上看，大部分工作任务都需要数字图书馆员、专业领域行业专家以及技术专家的密切配合。而在这三类人员中，图书馆员是数字图书馆这一组织的人员主体，对于大多数数字图书馆而言，行业专家和技术专家永远都会处于一种不足的状态，这是图书馆本身的性质与条件所决定的。因此对于行业专家与技术人员的人力资源需求就可以利用外包的形式来进行解决。从技术专家来说，数字图书馆的建设涉及许多高层次技术的内容，需要这方面的专家或熟练的高手，这些对于一般的图书馆来讲，常备这样的人力资源是不现实的，由此可以利用外包来解决。

除了需要配备必要的专业技术人才外，数字图书馆还需要以外聘的形式，配备必要的法律人才。而对于建设数字图书馆需要的技术顾问、规划，以及市场咨询等专业人士的需求，也都可以利用外脑来加以解决。采用人才外包的方式，提高了图书馆的专业水准，提高了人才资源的利用效率，也使得图书馆可以更专注于自身数字图书馆员队伍的建设，降低了管理的复杂程度。同时对于数字图书馆建设中的一些资源建设，或传统资源数字化中的简单的初级加工的部分也可以外包，这样能降低成本，提高本馆的人力资源利用率。

除了简单的外包之外，合作也是一条利用外包的有效途径。合作同样也弥补了数字图书馆建设与运作中人才的不足，充分发挥整个社会人才配置的效率。数字图书馆从其本质特点上来讲，从来就不是一个图书馆能够建成的，因此在数字图书馆的建设与运作中，合作是其必然的趋势。

有一些高校与科研院所具有很强的技术与科研能力，但却少有一些实用性强的课题与实验基地，而数字图书馆的建设正好为此提供了一块很好的土壤。通过与这样的单位进行合作，事实上也可以带动本单位一批数字图书馆建设管理与技术人才的成长。除了合作课题或项目以外，通过设立开放实验室或博士后工作站的做法，也可以使图书馆的数字图书馆建设跻身数字图书馆研究最尖端的科技领域，甚至可以在实践过程中为图书馆培养一支专业化的研究和技术队伍。

第二节　数字图书馆的人力资源管理

一、数字图书馆的人力资源需求特点

（一）数字图书馆人力资源的智能结构特点

泛在信息环境和网络环境下的数字图书馆属于高新技术产业，要面临着信息行业的激烈竞争，特色数据库、特色服务方式是数字图书馆的主要竞争项目，但归根结底，数字图书馆的竞争还是人才的竞争。没有优秀的人力资源作为后盾，数字图书馆就变成了一个完全的"虚拟"图书馆，不可能提供优质、高效的信息服务。由于数字图书馆是智力密集型产业，因此对人才的知识结构和智能结构要求较高，同时激烈的竞争环境也使数字图书馆成为优秀的、高层次人才的聚集地。

数字图书馆所需的人力资源由以下几种类型构成：

1. 组织管理型人才

数字图书馆作为一个信息服务机构，本身参与市场竞争，除进行内部资源管理外，还进行着网络信息资源管理。在网络环境中做出正确决策要相对困难得多，数字图书馆中的战略层管理人才也就应运而生了。且数字图书馆中的战略层管理型人才，在前述两个层面上同时发挥着重要的作用。

2. 数字图书馆员

数字图书馆也是在网络运行环境下能够利用特定技术，将相关文献、文本、视频、音频等资料转换成数字化信息，并且能够利用特定的信息化手段为用户服务的人员。依据不同的工作内容主要划分为信息采集、信息加工、产品设计、信息咨询、信息检索等人员。显然该职业属于复合型人才，他们都要掌握图书情报知识、学科专业知识、计算机软件知识、计算机网络知识。数字图书馆员除了掌握传统图书馆的技术方法外，还要掌握信息化环境下数字图书馆运行所需的技术，如数字化技术、信息存贮技术、数据库技术、网络通信技术、超文本技术、多媒体技术、超媒体技术。

3. 计算机技术人才

数字图书馆管理与服务的主要内容是数字化资源，如果没有配备技术人才，根本无法实现传统信息资料的数字化，而计算机技术可以称之为数字图书馆存在与发展的必要前提，其包括建设网站所需的软件开发人员、网站构建人员、数据库开发人员、网站美工等。

4. 市场营销人才

数字图书馆的产品具有商品的属性，因而数字图书馆除了文献保存的目标外，还产生了经济效益的目标。要实现经济效益的目标，数字图书馆就应该树立营销观念，将其具有特色的信息产品、咨询服务（专业技术咨询、调查报告、研究报告）等推销出去。数字图书馆市场营销员工主要有：市场策划、产品销售技术支持人员、产品经理、产品销售人员等。

5. 法律人才

数字图书馆之所以需要配备法律人才原因在于：其一是与知识产权相关的法律问题，需要专业的法律人士在具体实践中解决；其二是与相关商务和合同相关的法律问题需要专业法律人士处理。建设数字图书馆涉及采购设备、软件、外包业务、协作开发等商务活动，这些显然都需要专业法律人员参与。此外，数字图书馆的对外信息服务往往还涉及到用户利益冲突问题，比如关于服务质量的纠纷等，同样需要法律人员来解决。

（二）数字图书馆人力资源层次与素质特点

1.数字图书馆人力资源需求的层次特点

数字图书馆对高学历、高职称人才的需要占很大的比例，人力资源的学历层次需求高，包括中专、大专、本科、硕士、博士等。尤其是对从事软件开发、信息生产、信息咨询等创造性工作的人才的需求上，以学术水平较高、研究能力较强的研究型人才为主。

2.数字图书馆人力资源需求的素质特点

①要求管理型人才应具备以下素质：具有心理学、管理学、图书情报学素质，以便于进行数字图书馆实体内部的人力资源管理、制度建设、部门设置和日常管理工作；具备扎实的图书情报学理论基础和业务能力、现代信息网络技术。

②数字图书馆要求数字图书馆员应具备的素质体现在以下三方面：

a.信息素质。又称"信息能力""信息素养"，包括：具有敏感的信息意识；具有非凡的信息能力，即能运用信息工具对所掌握的信息进行再创造，创造新的信息乃至新的知识能力；遵循信息管理行业的法律法规，以及网络空间中的道德要求。

b.技术与语言素质。应当对数字图书馆所需要的信息存储、多媒体、网络检索、网络维护、数据库开发等相关技术有所了解，并且应当做到精通上述1~2项。具备一定的语言素质。

c.自我学习能力。随着知识经济的到来，数字图书馆员应当在现有知识结构的基础上提高自我学习能力。如果不具备持续学习能力，依靠当前的知识体系很难满足动态发展的现实需求，同时也会逐渐丧失持续学习能力。因此，自我学习能力是不断更新自身知识体系，紧跟数字图书馆发展步伐的一项必备素质。

③计算机人才所应具备的素质：

a.熟练掌握相关软件工程的理论，并确保在实际中能够得到有效应用，争取做到技术水平先进、开发标准规范、流程完善系统可用等目的。

b. 软件开发需要协调不同类型、不同性格的员工共同奋斗，因此需要有团队合作精神。

c. 有长远的目光，能理解、应用国内外的相关技术标准。

④市场营销人才应具备的素质：

a. 市场营销的知识。

b. 数字图书馆的产品、服务方面的知识。

c. 善于沟通。

⑤法律人才应具备的素质：

a. 法律知识尤其是著作权方面的法律知识。

b. 商务谈判能力。

c. 拟写商务合同的能力。

二、数字图书馆的人力资源使用特点

关于数字图书馆的员工，由于涉及的技术与理论知识较多，所以对其学历有着一定要求，一般不得低于本科学历，绝大部分员工具有较高的学历、渊博的学识及出众的才华。随着时间的推移，数字图书馆人力资源愈来愈有不可替代性；其工作具有很高的创造性、过程难于监控。从而使得数字图书馆员工具有很强的自主意识、鲜明的价值观、流动意愿强。进而在对其管理方面，务必要秉承以下原则：

（一）充分的信任

从某方面而言，数字图书馆员工具备丰富的创造力，又因为其劳动性质较为独特，通常不习惯接受严格的程序化指示与控制，而是希望得到上层管理者的充分信任，通过不断自我尝试、自我引导等，尽可能发挥自身价值。

（二）不断给予新任务和足够的自由发挥空间

相较于传统图书馆员，数字图书馆员工充满了展示自己才能的强烈欲望，其所从事的是创造性脑力劳动，最终目的是为了充分发挥自身专长，以最大化发挥自身价值。所以，数字图书馆员工通常热衷具有一定挑战性的工作，不断突破自己，以发挥自身价值。

（三）充分的尊重

就数字图书馆来说，其内部组织结构具有非常显著的特征，那就是扁平化，主要采用以任务导向为主的团队化工作模式。所以在此背景下，数字图书馆员中的职位与级别并非是决定权威与影响力的关键因素。决定性因素则是技能的特殊化与重要性，进而使员工逐渐养成不惧权威的品性。进而从此角度来看，若仅仅凭借权威来控制数字图书馆员工，必然无法取得想要的结果，因此务必要给予充分的尊重。

（四）重视高层次人才的表现

在数字图书馆建设过程中，最重要、同时也是最欠缺的莫过于员工所具备的知识、技能及创新能力。这种无形的资源为员工本身所特有，无法被数字图书馆的上层管理者所控制。从某种程度上来说，数字图书馆中技术的不断创新，归根结底是人才的比拼。所以，数字图书馆非常有必要给予高层次人才建设与发展以更高的重视，以此来作为人力资源管理工作的"晴雨表"与"消息树"。为有效管理数字图书馆人力资源，提供关键性指标和重要依据。

三、数字图书馆对人力资源管理的要求

从某种程度上来说，数字图书馆人力资源管理通常涵盖两层含义：一是对人力资源管理的要求；二是对数字图书馆人力资源管理的要求。

首先，就首层含义而言，在当下知识经济时代，人才是取得最后竞争胜利的决定性因素。关于此方面，对数字图书馆提出了如下要求：尽可能

在产品、服务的竞争中取得优势，以获取更多的利润。要想实现以上目标，就务必先取得人力资源的竞争优势，最终发挥其在数字图书馆人力资源管理中的价值。所以，务必确保数字图书馆满足以下对人力资源的管理要求：一、确保人力资源功能供需平衡，二、确保人力资源价值实现最大化。其次，再从第二层含义而言，结合数字图书馆人力资源的需求和使用特征，要求人力资源管理务必满足以下条件：

——要坚定不移地贯彻落实权变的管理思想；

——上层管理者的方法、方式等，务必要契合数字图书馆人力资源实际特征；

——制订合理的薪酬管理制度、考核制度等，务必确保与数字图书馆人力资源管理模式相契合。

从某种程度上来说，只有确保以上两层含义互相协调，方可更好地推进数字图书馆人力资源的管理工作；而从另一方面来说，数字图书馆对人力资源管理工作的要求，务必基于数字图书馆的目标、数字图书馆人力资源的需求和使用特征等方面进行提出。

（一）实现数字图书馆人力资源功能供需平衡的目的

在论述数字图书馆人力资源管理的目的之前，我们先引入一个重要的概念——"价值工程"，它是分析数字图书馆人力资源管理要求及数字图书馆人力资源管理优化的主要工具。

1.数字图书馆人力资源"功能说"的由来

①"价值工程"介绍：第二次世界大战期间，通用电气公司的设计工程师迈尔斯从原材料相互代用的事件中得到启发，悟出了产品的本质是"功能"。迈尔斯和其他专门从事价值分析的人员，在后来的工作中创造的一系列重大成果，为在更多的产业界进行价值分析产生了重要影响。

价值工程，是以最低的寿命周期成本，可靠地实现必要功能，为提高产品或作业的价值而着重于功能研究的组织活动。价值工程学说中的价值，与政治经济学中一般所说的价值不同。政治经济学里的"价值"是人类一般劳动的凝结，或者说是物化了的人类劳动。价值工程中的"价值"是为了衡量产品功能与其所花费用的效果如何而提出来的概念。所以，"价值"意味着产品中所囊括的功能数量将满足服务用户程度和所支付费用之间的量值关系。通常可引用文献中的公式进行表示，即：

价值（V）=功能（F）/成本（C）

②引入"价值工程"理论：凭借数字图书馆输出与输入关系图能够获悉，数字图书馆输入端所需的人力资源并非人本身，而是其所具备的才能、知识储备及意识，换言之，可总结为取决于人所发挥的功能，此种需求通常具备下述若干方面特征：

第一，数字图书馆发展迫切需要的是人力资源所发挥出的实际效用，换言之，重要的是人力资源的实际功能，而非其理论功能。人力资源的理论功能需经过"转化"或"发挥"环节，方可演变成数字图书馆所需的实际功能，通常满足以下公式：

人力资源实际功能=f（人力资源理论功能，转化/发挥）

此处的实际功能，对不同的人力资源来说，存在着不同含义：首先，针对数字图书馆的个体、群体来说，通常表现为凭借创造性地解决具体问题时，所逐渐形成的绩效、产品及成果等；再者，针对数字图书馆的泛群体来说，通常表现为泛群体内的个体性、群体性资源的实际功能，属于一个较为笼统且具有复合性的"概念"。

首先，数字图书馆所需的实际功能，通常不限于某单一方面，而是一个基于多种需求实际功能所构成的"实际功能谱"，且其各功能间的关系也存在一定差异。

其次，数字图书馆发展对人力资源实际功能的需求是动态变化的，换言之，是随着时间的变化而不断调整与发展的。数字图书馆所需的实际功能，在时间上形成了一个"实际功能谱序列"，相应地也构成了一个多层次的实际功能谱序列结构。且此结构随着时间的推移而不断变化。

最后，数字图书馆的发展对人力资源实际功能的需求并非是固定的、一成不变的。不同时期，需求会存在一定的差异；此数字图书馆的需求会不同于彼数字图书馆的需求；所以人力资源的实际功能是不是"必要功能"，都是相对于具体的数字图书馆及其具体的发展阶段而言的。

2.数字图书馆人力资源管理的目的

关于数字图书馆人力资源管理，其最终的目的是追求功能供需平衡。此方面可分为以下若干阶段：即期、中期与长期平衡：关于中期平衡，可凭借人力资源规划能够实现；而长期平衡，可凭借人力资源战略规划得以实现；凭借数字图书馆人力资源管理，可确保数字图书馆人力资源功能达到即期平衡。

数字图书馆人力资源功能的实现主要囊括三个途径和环节，具体为人力资源功能的移动、提升及转化。它们存在着以下关系：移动与提升服务于转化，而转化又服务于数字图书馆发展需求。

3.数字图书馆人力资源功能的移动

①数字图书馆人力资源功能移动概述：即数字图书馆人才本身所具有的功能能够改变其在空间上的位置。

基于数字图书馆中人力资源功能移动范围，可划分为以下两类：即内部移动及内—外部移动。其中，内部移动有：晋升、轮岗 / 转岗、下调三种基本形式。内—外移动有：招聘（吸纳）、跳槽（异动）、退出（退休、辞退）三种主要形式。

根据功能移动的程度可划分为：刚性的功能移动和柔性的功能移动。在组织的管理中可以根据岗位所需功能的实际情况，合理使用刚性和柔性的功能移动。

根据功能移动发起主体的不同分为由组织行为发起的人力资源功能的配置和由人才个体行为发起的异动。由人才个体行为发起的异动又能划分成以下两类：即内、外部异动。其中，内部异动常见有人才主动提出岗位调换；外部异动常见有人才跳槽现象。在数字图书馆人力资源管理过程中，核心性人才的外部异动，将可能使组织遭遇较大的风险。

②数字图书馆人力资源的吸纳：数字图书馆在组建之初，主要存在以下实际问题：规模较大、岗位空缺、人员不匹配、机构调整欠缺灵活性等，所以需面向社会招聘更多的员工。在此种背景下，积极开拓人力资源，是发展数字图书馆最有效的措施。

在实际招聘员工时，务必要做到认真进行职位分析，制订职位需求功能谱。部分职位，比方说技术发展、网络、信息咨询需要较强的专业知识能力，有些职位如产品销售、服务人员需要有好的语言表达能力。

招聘新员工的方式有很多种，在此不再赘述。下文主要从人力资源功能与成本关系出发，讨论数字图书馆人力资源的吸纳。

"功能说"对人力资源吸纳的启示：在发展数字图书馆时，决定了其所有行为务必考虑成本，同时涵盖招聘、使用人才的成本。根据价值工程理论，相同的实际功能则成本越小，为组织创造的价值比率越高；而实际功能高、成本小的不利后果是：对社会、人才本身来讲是浪费。其功能会随着时间的推移，引起被招聘人才的异动（跳槽），数字图书馆还需要重新招聘新员工，这样会增大此职位的招聘、培训成本；招聘人才的实际功能低、成本高则是招聘的失败。

所以，在选拔数字图书馆人才时，务必要注重考察其专业能力与素质水平，其次再安排在合适的岗位。在实际选拔时，需要强调的是无需过度注重选择功能最好的人才，但务必要确保选择功能最适用的人才，只有这样，才能确保人才最大程度发挥自身价值。以上方面主要涵盖两层含义：一、不要过于追求名牌大学、高学历、高学位、高分数等理论功能上的高标准；二、如果人才能够发挥最好的功能，就应选聘。

4. 数字图书馆人力资源理论功能的提升

数字图书馆人力资源理论功能的提升，是凭借一定的方式，来增加人才自身的功能谱列。通常可凭借下述途径得以实现：

①培训：人力资源培训是指通过一定的措施，促使人才在知识、技能、能力和态度四个方面得到提高，以保证数字图书馆人力资源能够按照预期

的标准或水平完成所承担或将要承担的工作和任务。数字图书馆人力资源的培训，强调的是帮助人力资源更好地完成现在承担的工作。其内涵有广义和狭义之分。狭义的人力资源培训是指人力资源的工作训练，是使人力资源"知其行"的过程。所谓"行"也就是特定岗位所要求的工作技能以及态度等方面。"知其行"也就是根据岗位要求掌握相关技能的过程。而广义上的人力资源培训包括训练和教育两个方面，不但要使人力资源"知其行"，且尽可能确保人力资源"知其能"。"能"表示人力资源的潜在能力。"知其能"的含义为确保人力资源能够尽可能发挥潜力，展示自己的才能。

②使用中提升：在从事数字图书馆实际工作的过程中，提升人力资源的功能。主要包括干中学、压担子等。

③自我开发：数字图书馆的人才个体主动对自身的功能进行提升。数字图书馆人力资源提升的效果可以用迁移效度来衡量，提高迁移效度则须借助于人才的自我开发和一定的提升策略。

5. 数字图书馆人力资源功能的转化

关于数字图书馆人力资源的功能，总体性可分为实部与虚部两类，其中，实部是人力资源为数字图书馆发挥的实际功能，转化是使人力资源的虚部尽可能地完全转变成为实部。而转化工作并非只是数字图书馆人力资源部门这一个部门的工作，而是所有和人力资源有关的部门、人员的工作。

数字图书馆人力资源功能的转化的结果有三种情况：理论功能＜实际功能；理论功能＝实际功能；理论功能＞实际功能。在数字图书馆人力资源理论功能向实际功能转化的过程中，人才可以通过积累经验，达到提升自身功能的效果，因此，人力资源功能转化会产生功能提升的副产品。

（二）实现数字图书馆人力资源价值与成本之比即功能最大化

关于赢利性数字图书馆，其旨在提供低成本、高质量的服务。这对人力资源管理也提出了同样要求，前面所介绍的人力资源管理三个途径：移动、提升、转化，均要尽可能满足低成本的要求，但效果要得到一定的保障。

（三）在管理过程中始终贯彻权变的管理思想

因为数字图书馆的员工大部分为知识型员工，个性一般较为突出，所以在人力资源管理过程中，应坚定不移地贯彻落实权变思想，强调差异化对待，需做到以下两点：一、在管理知识型员工时，不得采用粗放式的"一视同仁"，也严禁采取简单化的"一刀切"与"平衡"做法；二、应随着人才成长来不断地调整管理策略，以确保人才功能得到最大程度地发挥。

（四）采用沟通型的数字图书馆领导模式

不仅要给予员工以绝对的信任与尊重，同时还要给员工安排合适的任务，并给予他们尽可能多的自由发挥空间。除此之外，由于员工能力较强，所以相较于普通员工，其流动性更为频繁，人才流失现象远远严重于传统图书馆。正因为如此，对数字图书馆上层管理者的要求较高，尽量不要使用命令式的方式发布指令，而是尽可能采取沟通型的领导模式。

（五）采取分体系与层次的绩效管理和薪酬福利管理制度

在数字图书馆中，员工类型非常多样，不同员工所从事的工作种类、付出的劳动存在较大差异，所以，在对他们进行绩效管理时，务必严格按照分体系、分层次的原则来进行。

四、我国数字图书馆人力资源管理的优化

关于数字图书馆人力资源功能的实现，主要囊括以下三个途径和环节，具体为：人力资源功能的移动、提升及转化。它们存在着以下关系：移动与提升服务于转化，而转化又服务于数字图书馆发展需求。所以，站在此角度来说，人力资源功能的转化，可谓数字图书馆人力资源管理工作最重要的内容。

（一）绩效管理是实现数字图书馆人力资源功能转化的有效工具

1.数字图书馆的绩效

关于数字图书馆的绩效，主要涵盖以下三个层次：即组织绩效、部门

绩效及员工绩效等。其中员工绩效可谓三个层次的根基，所以，此次研究中，如果没有进行特殊注释，则"绩效"均指的是数字图书馆的员工绩效。

针对绩效概念的理解，可尝试从以下不同角度进行理解：即任务论、结果论、行为论、结果＋行为论、结果＋潜在论等。

数字图书馆正处于飞速发展时期，非常注重灵活与创新，绩效主要突出的是"结果"与"产出"。针对不同类型的数字图书馆、不同层次的员工而言，绩效的概念存在一定差异，此为数字图书馆实施绩效管理的基础。

2.绩效管理处于数字图书馆人力资源管理的核心地位

数字图书馆人力资源理论功能需要通过一系列的方式、方法才能转化、发挥为实际功能。数字图书馆的人力资源管理体系，通常涵盖以下方面：即人力资源吸纳与配置、人力资源功能的增强、绩效管理、激励体系、领导方式等。其中最重要的莫过于绩效管理，可以说处于"纲"的地位上。

①绩效管理与人力资源管理部门：数字图书馆的人力资源管理部门，其实与其他职能部门并无明显差异，主要是为提升业务部门运营效率，所提供支持与服务的。从某种角度而言，绩效管理功能甚至超出了人力资源管理，后者在绩效管理中的角色，主要承担着横向的组织与协调工作。

②绩效管理与员工吸纳、配置：在此过程中，一般选择不同的人才测评手段，具体涵盖纸质方式的能力测验、个性测验和情景模拟技术等，此类人才测评方法的最终目的是充分激发个体的"潜在功能"，着重考察个体的潜在功能倾向、性格及行为特征，从而来推断个体在今后某场景中，所可能表现出的行为特征。再就绩效评估而言，指的是对员工工作过程与结果进行评估，旨在考察员工的业绩与行为，是对员工工作表现的评价。为全面了解一个人，以上两种评估手段可同时采用，相辅相成，以确保得到最公正、最客观的评估结果。

③绩效管理与人力资源功能提升：绩效管理可以改进和提高数字图书馆的绩效。在绩效实施过程中，通常表现出的是数字图书馆员工理论功能的转化、提高与移动，部分员工的理论功能，将会演变成实际功能，有些

员工的理论与实际功能会得到提升。在完成绩效评估后，可基于被评估员工的实际情形，再结合其发展愿望，和被评估员工一起制订未来绩效改进与功能发展计划。数字图书馆领导应在机会合适的情况下，晋升功能提升的员工。

④绩效管理与薪酬体系：当下应用较为广泛的薪酬体系为3P模型，具体指的是综合以职位价值、绩效及员工的胜任能力等来决定薪酬水平。所以，绩效可谓决定数字图书馆人力资源薪酬的首要因素。在数字图书馆的各部门中，针对不同性质的职位，在不同的薪酬体系中，绩效所决定的薪酬成分与比例存在一定差异。一般而言，职位价值决定了薪酬中较为稳定的部分，而绩效则决定了薪酬中多变的部分。

正是由于数字图书馆的绩效管理和人力资源存在着十分密切的关系，所以站在理论的角度来说，若能确保绩效管理的有效实施，则就可以实现对数字图书馆人力资源的各项职能活动进行充分整合并激活，持续提升数字图书馆员工功能的发挥比率，最终实现数字图书馆人力资源功能的供需平衡，以确保数字图书馆的健康长远发展。

（二）数字图书馆绩效管理概述

就数字图书馆绩效管理而言，其可谓一个完整的系统，此系统主要由下述若干部分组成：绩效目标体系制订、绩效目标行动、绩效考评、绩效反馈及绩效考评效用等。个体再基于绩效考评结果与效用，来做出相应的反应，从而制订未来绩效改进计划。在此系统中，绩效目标体系制订可谓数字图书馆绩效管理的基础，而绩效目标行动、绩效考评、绩效反馈等，可谓数字图书馆绩效管理的保障，最后，最重要的是绩效考评效用。在数字图书馆管理过程中，公正、客观地应用绩效考评结果，势必会充分发挥数字图书馆人力资源的功能。

1.绩效目标设定是绩效管理过程的起点

关于绩效目标，其本质上可视为数字图书馆人力资源总体理论功能转化为总体实际功能的目标。在此阶段，数字图书馆的主管人员应与员工共同讨论，以期在最短的时间内搞清在计划期间内，员工应做何种工作，做到何种程度，为何开展此项工作等内容。

在制订绩效目标计划时，考核标准也相应产生，其可谓绩效目标计划的衍生品。绩效目标计划由直接主管与员工一起制订，所有员工均有权获悉整个考核标准。只有这样，员工才能遵循目标计划行动，并充分了解自己和考核标准之间的差距。

2. 在绩效行动过程中进行沟通辅导以保证绩效行动结果良好

就数字图书馆绩效目标行动阶段而言，其在整个绩效管理过程中可谓耗时最长，同时也是连接绩效计划和绩效考评最重要的环节。它的好坏直接影响到数字图书馆绩效管理的成败和人力资源功能的转化水平。在此阶段，员工基于绩效目标计划行动，需要数字图书馆的各级相关管理者全程跟踪员工的绩效目标计划进展情况，主管对员工的工作要及时提供帮助和指导，找到并排除影响绩效的障碍和得到确保双方达成一致观点均不可或缺的信息，如有必要，可基于具体情况，来对计划进行修订。双方务必要始终保持动态、不间断的沟通，以避免主管与员工的共同努力出现问题。

3. 实施绩效考评衡量绩效结果

绩效考评可谓数字图书馆绩效管理的保障，具体涵盖绩效考核与评价。其最终目的是弄清员工在做什么，结果如何。数字图书馆人力资源的理论功能能否如期按计划转化为实际功能，需要绩效考核环节进行衡量。各级领导者代表数字图书馆评价员工在过去一段时间内目标完成的情况，找出转化成功或失败的原因。

4. 反馈绩效结果

将绩效结果通过适当途径反馈至个人。员工会先围绕自己在过去某段时间之中的目标达成情况进行梳理和总结，发掘成功和失败的原因。管理人员再与员工展开相关讨论，即针对员工迈向既定目标过程中的成败得失进行讨论。最后双方在协商一致的基础上归纳出对绩效考评的最终意见。

5.绩效考评的效用

绩效考评务必要能发挥出一定效用，在促进员工个人成长的同时，也能助力企业的发展。倘若评价结果无法发挥出此种效用，那么绩效目标计划等工作则没有任何意义。

①绩效管理对个人的效用：个人可从绩效评价之中受到启发和鼓励，明确个人不足，为自己规划好前进方向，最大程度调动个人的工作积极性。通过绩效考评能够得到相应结果，而这也会直接反馈给具体的员工个体，个体得到有效的激励，在下一期的绩效计划中会承担更重要的绩效目标，不断转化和提升自己的理论功能。

②绩效管理对组织的效用：数字图书馆根据绩效评价，可以采取有力措施提高数字图书馆的组织用人环境，制订合理的薪酬与福利体系、建立有效的激励机制、建设有效的组织制度。

（三）数字图书馆绩效目标计划的制订

1.数字图书馆绩效目标体系的制订

①关键绩效指标体系设计的方法

a.关键业绩指标法（KPI）

KPI是评价数字图书馆战略目标达成情况的一个极为重要的绩效指标，其主要目的表现在，以数字图书馆战略为对象并加以适度转化，得到相应的内部过程及一系列可供实际开展的活动，从而为数字图书馆构建一种核心竞争力突出的、经济效益理想的、支持不断强化的运行保障机制。KPI的核心是，为数字图书馆如何设定自身的业绩指标指明了方向，即一定要和它的战略紧密高度结合。

对KPI业绩指标进行确定时，需遵循下述原则：

KPI是对数字图书馆运作过程中关键成功要素的提炼和归纳。

将数字图书馆远景、战略与部门和个人运作相连接。

与内外部客户的价值相连接，具有长远的意义。

少而精，可控制。

基于战略与流程而非功能。

b. 平衡计分卡法（BSC）

平衡计分卡是一种诞生时间不久，但颇具战略性和实效性的绩效管理方法，它不仅考虑了传统财务指标，同时还引入了大量的非财务指标，通过两相结合的方式对目标企业的绩效展开评价，重点基于包括财务在内的四大维度加以分析和评估。平衡计分卡凭借其优异性能获得了广大管理者的高度认可，在助力企业高效运营和可持续发展方面发挥出了相当积极的作用。该种方法的优点集中体现在下述方面：

平衡计分卡基于包括财务在内的四大维度进行考察，能够帮助数字图书馆更好地管控财务目标的达成情况，也能促使其将更多注意力放在内部流程上，另外在优化员工专业素质方面也有着积极作用。

平衡计分卡能够在管理者和被管理者之间构建一个畅通的沟通渠道，能够对数字图书馆的整体战略目标进行层层分解，得到部门目标乃至员工个人目标，且能和后两者建立起异常紧密的联系。

平衡计分卡的引入和实践应用能够帮助数字图书馆领导者及时察觉有关问题，适时适当地调整和完善既定战略，健全内控体系，认真考虑员工反馈等，尽管该种方法的应用颇为复杂，然而其管理思想是极具价值的，能够为数字图书馆更好地推动绩效管理工作提供有益参考。

在数字图书馆关键绩效管理体系的设计中，应把上述提及的两种重要方法紧密结合，发挥出更大效果。对关键绩效指标进行确立时，需参考"平衡计分卡"予以选择，对数字图书馆既定战略进行层层细化，不仅如此，还要在不同层级的重要业绩指标之间建立一种平衡关系。结合两种方法可以平衡制订出数字图书馆各层级的关键绩效指标。

对关键绩效指标进行确定的操作中，需要基于平衡计分卡的一系列核心因素，归纳并解决有关问题，从而基于各大维度完成整个关键绩效指标体系的构建工作。

②关键绩效指标设计

a. 罗列指标

明确阶段性目标，然后在此基础上梳理出更为细化的指标：

为指标体系打造清晰的主线：根据组织结构进行层层分解，即引入"目标—手段方法"；根据核心流程进行层层分解，即引入"目标—责任手法"。

构建和完善指标体系的主要方法：

分析构建指标体系的两大基本主线可知，一般情况下可通过两大方式去架构和数字图书馆特点与需要高度契合的指标体系：结合部门职责的差异，构建相应的指标体系；结合职位种类的差异，构建相应的指标体系。

结合部门职责差异构建配套 KPI 体系的过程中，应对部门职责进行重点分析和厘定，在此基础上对数字图书馆的整体目标予以层层分解，最终完成对整个评价指标体系的建构。其主要优势反映在，肯定了部门的重要性和参与性，然而也有造成整体战略被严重稀释的风险，在设定指标的过程中可能将大部分注意力放在了如何反映部门职责上，而对流程责任则缺乏关注。

结合职位种类差异构建配套的 KPI 体系的过程中，有效凸显了对一系列具体策略目标的呈现和响应。对于涉及到的各个专业职位，根据生成的各项细化目标，出具针对性的响应措施。然而，此种方法的弊端也相当突出，大幅增多了部门管理的工作量和难度，同时对部门管理责任又缺乏足够关注和考核，另外很少围绕驱动性指标的实现过程予以关注和描述。

基于平衡计分卡的基本原理，可将数字图书馆所涉及的各项指标归为四大类：财务类、服务/营销类、内部管理类、学习成长类。

财务类指标：净资产收益率、总资产报酬率、销售利润率、成本费用利润率、总资产周转率、流动资产周转率、资产负债率、流动比率、销售增长率、资本积累率、总资产增长率、三年利润平均增长率、三年资本平均增长率。

服务/营销类指标：数字图书馆数据库服务用户数量、对外承建资源库数量、数字化加工项目数量、服务／项目回款率、用户满意度、相对市场占有率。

内部管理类指标：新建数据库数量、信息组织及时率、版权状况。

学习成长类指标：新业务创新速度、新产品收入率、新市场收入份额、核心员工流失率、新员工培训合格率、培训覆盖率。

b. 关键绩效指标（KPI）

在指标明确之后，会观察到数字图书馆涉及的指标不仅种类多，数量也不少，倘若直接予以监测，往往会力有不逮，即管理人员无法对这些指标投入均等的监测和管控力度。所以，有必要对指标加以适度筛选、精简，去除不可控、不可测、重复无价值、过时的和影响不大的一些指标，形成数字图书馆最终的 KPI 指标。

c. 指标的确认

在制订指标的过程中，仅由领导拍板是不可取的，由员工自行决定更是不切实际的，而应该通过上下沟通的方式进行决定，在充分沟通的前提下，结合目标岗位的具体性质，由主管领导规划并提出相应的 KPI，然后和有关员工进行沟通和确定。

d. 主要部门关键绩效指标体系确定

在完成对总体关键绩效指标的成功设定之后，接下来需要做好分配工作，即明确各部门所需承担的关键绩效指标，然后各部门通过适当方法明确各指标对应的权重，最终为自己建构起可供实际执行的关键绩效指标体系。

确定指标权重的意义：通过权重能够让那些重点目标得到凸显；通过权重能够让某些价值观念得到充分表现；通过权重能够对最终的评价结果加以相应影响；权重将会在很大程度上决定组织文化的最终建设成果。

确定指标权重的原则：在参考战略目标的同时，还要兼顾经营重点；查缺补漏；有利于系统升级和完善；在关注考评人员主观意图的同时，还需兼顾客观事实。

对于自评项目，要求本部门出具合规的自评报告，需附带足够的、具体的支持数据，提交人力资源部门并接受其核对及汇总，最后由分管领导进行审核、批复。

e. 指标的定义与描述

分析此类指标可知，由于牵扯到不同部门，所以需对其做专门且清晰的界定。在实际操作中，一般将之归纳为两大类，一类是定量指标，另一类是定性指标。

2. 绩效管理计划的制订

①具体岗位绩效指标的确定：无论何种战略，最终均是一线员工去具体推动的。倘若员工在日常工作中失去了具体目标的从旁引导和约束，只是机械式地根据职位要求进行相关操作，则会诱发所谓的"战略稀释"问题。在一些极端背景下，甚至有概率导致员工目标严重偏离企业整体目标，造成员工的作用未能得到充分发挥。所以，数字图书馆在打造绩效目标体系的过程中务必要做好对战略目标的层层分解和有效传递工作，让每一位员工都能为组织整体战略目标的达成贡献力量。

a. 制订具体岗位绩效指标时应从结果和行为两方面进行考虑

对于不同岗位上的职工，考虑到其职责性质和范围存在差异，需对结果、行为两类指标进行合理设计，在权重上要有所侧重。在数字图书馆体系中，管理高层需就最终结果承担更大比例的责任，其工作以决策为主，表现出高度的灵活性，对其决策行为通常不适合被严格规范，所以在对绩效指标进行规划时通常会设置更多的结果指标。

普通员工通常情况下无需对结果负责，但他们的行为会对最终结果施加直接且重要的影响，所以对于这类员工做好过程控制便显得尤为关键了。为这类员工设计绩效指标的过程中应突出行为指标，即应当确保行为指标占大多数。

b. 具体岗位的 KPI

在明确部门目标之后，予以进一步分解，便可得到具体岗位的目标。在确定具体岗位目标的过程中，应当筛选出可以直接、有效反馈岗位绩效的那一类指标，将之用作岗位 KPI 并予以严谨评价。在数字图书馆体系下，部门指标由若干岗位目标有机组合而成，在对部门指标进行分解处理时，部门需要组织专题会议，通过集体讨论和商议的方式予以决定。在具体操作中，部门通过布置工作这一形式完成对部门整体目标的分解，给员工提出的要求是在明确会议交代的任务之后制订出个人的具体工作规划，且要设定个人工作指标。

c. 具体岗位 KPI 筛选

对部门目标进行分解，能够得到数量众多的细化指标，包括分部门的指标乃至各具体岗位的指标等，所以一定要予以适度筛选。一般而言，要实施两轮筛选操作，进行正式操作之前先要明确筛选原则，首次筛选的核心目的在于剔除重复性指标、不受控指标、影响力偏弱的指标、监测成本过大的指标、不易计算或不支持量化的指标等。二次筛选的主要作用是按照实际影响力（如对单位经济效益的影响）做好指标排序工作，筛选出最为关键的几个指标，并将之当成是岗位最终的 KPI。应对单个岗位的 KPI 数量加以合理控制，通常要求不少于 3 个，不超过 7 个。

②制订绩效考评标准：考评标准是绩效管理的标尺。在绩效目标计划制订的同时，考评标准也便被明确了。纵观绩效目标计划的诞生过程可知，它是主管、员工协商一致后的产物，配套的考评标准也已经告知员工。如此一来，员工在日常工作中才能够按照目标计划行动，明白自己与考评标准的距离。

待绩效指标及其权重双双确定之后，接下来便进入到了评价标准的设定环节。在对 KPI 指标值进行确定的操作中，应分别完成对定性指标、定量指标的各自设定，即明确二者的评价标准：在确定行为指标的评价标准时，可参考任职资格涉及的一应行为标准，可直接抽取，也可进行相应转化，从而完成相应确定。在对评价标准进行设定的操作中，先要设定一个明确的基准值，假设考评结果涵盖五大层次，此时居于中间处的那类标准也便是所谓的基准了，换言之正常工作状态下大部分员工能够达到的状态。

a. 制订定量指标的评价标准

加减分法：通过该方法对指标标准进行设定时，通常较为适用那些目标任务相对具体，技术已进入到稳定状态，且鼓励员工在力所能及范围内多出成绩的情况。值得一提的是，指标值的上限不可大于权重规定值，且下限不可为负数。对于技术岗位的员工，一般倾向于利用此法进行评价。

规定范围法：在严谨数据计算的基础上，考核活动的主体和客体会遵循现行的考评标准开展相应的评价活动。以销售人员为对象，就其定量指标进行设定的过程中一般会选择和使用这种方法。

b. 制订定性指标的考评标准

定性指标一般会围绕指标达成情况进行最大程度的全面、细致的描述，并通过评估达标这一形式进行最终明确。

c. 不同层级和类别员工的考核

结果指标是数字图书馆每个员工发挥的实际功能的具体体现。除工作绩效结果以外，数字图书馆还应关注达到绩效目标的方法和途径，通过对员工理论功能和工作态度的评价，鼓励和促进被评估员工通过高度的自我开发发挥实际功能，并提升自己的理论功能，从而达到绩效目标。不同类别和层级的员工，其工作业绩、理论功能和工作态度所占的比重应有所不同。

d. 总经理考核

数字图书馆总经理是董事会负责引进的，且达成合作意向之后双方会签署具有法律效力的聘任协议书，其中也会针对总经理这一职务所需达成的业绩指标进行一一明确。所以，在对总经理进行绩效考核的操作中，会引入此类业绩指标并将它们设置成关键绩效指标。另外，还会结合平时的工作表现进行多角度的评价，如员工满意度等。凡是考核指标均需为之设置具体的考核标准。在完成对绩效合约表的设计之后，还需做好动态调整工作，即当绩效指标发生改变时，则需对该表进行及时调整。具体操作是，先按规定填写《绩效指标变动登记表》，然后无论是绩效考核表或是绩效合约表均需做出相应的调整。

③签订绩效管理计划书

a.绩效管理计划书的内容

绩效计划的主要目的反映在明确目标且要保证其合理性，充分发掘数字图书馆员工具备的理论功能，并促使其蜕变成实际功能。所以，在编制员工绩效计划书时，需涵盖下述内容：

关键绩效指标：用于评价员工绩效表现的一系列量化处理后的指标，能够围绕工作成效给予直接且具体的评价。

工作目标设定：由管理者和被管理者协商确定，即员工在相应时段需要承担的主要工作及其应当达到的效果。一般针对较为长期的、具有过程性特点的、不易通过功能发展计划进行评价的那一类主要工作任务。

功能发展计划：由管理者和被管理者协商确定，为达成绩效指标，并在此基础上明确员工个人功能发展需求的、可供实际操作的一类具体方案，能够以员工个体为对象，对其功能发展情况予以动态、长期跟踪。

b.绩效管理计划书设计的程序

进入绩效计划阶段之前，应当落实好配套的准备工作，需立足数字图书馆的既定目标，以各级管理者为对象对其相关意见予以广泛收集并加以认真考虑，然后为各部门乃至各岗位打造出更为契合的责任制；引入系统方法并以此为依托完成对有关信息的搜集和梳理，明确不同岗位所包含的工作目标，在此基础上编制更具有合理性的岗位说明书。如此，在充分讨论和友好协商的基础上，上下级之间会在员工绩效期望这一方面形成共识，紧接着员工也会对个人所要达成的工作目标给予一定承诺。

此处，可将绩效计划视作一个为工作目标顺利达成提供助力的契约。而该契约的真正落地，则要求管理者和被管理者务必要做好深度沟通和双向反馈工作，在员工应当达成什么样的工作目标上持有高度一致的看法。进入绩效考核期之后，管理者和被管理者应当围绕员工工作目标形成双方均认同的契约，与此同时高层领导也需通过适宜方法方式和分管部门在工作目标上保持高度一致。在对绩效契约进行制订和维系的过程中，需重点关注下述方面：

部门及员工个人在这一轮的绩效期间需要实现什么样的工作目标；

目标实现情况，即结果；

对于此类结果，需要从什么角度去评价，也就是应当遵循什么样的评价标准；

从哪里取得和工作结果有关的一应信息；不同工作目标对应着什么样的权重。

c.绩效管理计划书类型

若想赋予整个绩效管理系统以良好的运行状态，则要将三大层面全部囊括其中，除了数字图书馆整体之外，同时还包括部门及员工个人，无论少了哪个层面均是不允许的。换言之，需围绕以上三大层面制订各自的绩效计划。

在准备、协商以及明确一系列关键绩效指标之后，接下来就要为员工量身打造绩效合约了。考虑到岗位目标责任书已经对各员工在不同时期下的工作目标进行了细致说明，因此在绩效合约这一块仅列示绩效考核所包含的基本内容，而无需基于具体职位——明确和制订其对应的绩效合约了。对于数字图书馆员工而言，其绩效合约可被归纳成两种，一种是面向中层管理人员的，另一种是面向一般员工的。

由于其在数字图书馆整个绩效计划体系中占有重要地位，是其即将完成的关键环节，应当基于纵、横两大维度予以严格检查，判断设计有无严格遵循标准统一的原则。在横向方面，分析同类岗位所包含的关键绩效指标在具体设定及明确其权重大小时有无执行了统一的标准。在纵向方面，基于数字图书馆的现行战略，结合岗位职责描述等方面的信息，分析经理制订的考核指标有无被合理地分解和分担下去，能否为组织整体战略目标的达成提供助力。

d.对绩效管理计划书的审定与认可

在推动绩效计划的具体操作中，需围绕新出台的关键绩效指标系统做好相关各方的协商、交流工作，明确该体系的基本原理及其主要方法，并就此做好对中层管理者的培训工作，综合运用多种适宜方式对一般员工做广泛且深入的宣传，确保全体上下均能深入认知该体系的原理及方法，进而将个人绩效指标同组织战略目标牢牢地捆绑在一起，收到共同发展的效果。在完成对各大关键绩效指标的正式确认之后，管理者和被管理者应围绕被管理者通过何种方法方式达成绩效目标的问题展开系统讨论，梳理出数字图书馆员工需要重点深耕的关键功能领域，明确待达成的目标，且在此基础上制订出配套的、可行的发展行动方案。

（四）绩效目标行动

基于数字图书馆人力资源个体这一视角观之，绩效目标行动可被理解成各级员工所拥有的理论功能得到发挥且变为实际功能的过程。如何才能有效地发挥？这不仅需要员工个体的努力，还需要数字图书馆的各级管理者提供必要的环境和平台以助力转化的顺利达成。分析数字图书馆可知，其人力资源具有较为突出的个性，再加上工作相对特殊，容易使得员工产生自视过高、对行政权威缺乏足够尊重的特性。因此，要在绩效管理的过程中提高数字图书馆人力资源功能的转化率，领导者特别是直面基层的管理者应当和一线员工建立起动态的、畅通的双向反馈关系。各级管理人员需要朝着沟通型领导的方向不断发展，做好辅导员工作的同时，更要将沟通工作落到实处。

1.转变领导意识

①树立正确的权威观：破除对职位权力的过分看重和依赖：对数字图书馆的各级管理人员而言，有了职位权力才能拥有相应的影响力，因而职位权力是不可或缺的，如果失去，所谓的领导力也便无从说起了。然而不可对这种权力达到了迷信的程度，不可想当然地认为"有了权力便等同于有了威信"，应意识到职位权力也存在很多先天局限——它导致被管理者身处被迫的境地，难以有效发挥个人的主观能动性，还会导致口服心不服的境况。所以，应破除对职位权力的过分看重和依赖，而应当做到擅加利用，

形成更高层次的个人权力，如此才能让被管理者形成自愿服从的心理，最终打造口服心也服的良好局面。

正确认识权威的来源：领导者手中的权力源自何处？迷信职位权力的人会给出"上级给的"这一答案，而迷信个人权力的人则会给出"个人赢得的"这一答案，上述回答均存在一定的片面性，都没有将"下级认可"这一因素考虑在内。如果下级持有不认可的态度，并发起抵制，该种情形下无论是职位权力或是个人权力均会变成空中楼阁，无法奏效。数字图书馆的各级管理人员应保持清醒认知，即：虽然权力是上级赋予的，但离开了下级支持便难以正常生效。

正确使用权力：首先，需知晓影响力具有双向性的特点。上级需在适当时间和场合向下级主动施加相应影响，当然也要积极接受后者反馈过来的影响，实现对本馆人力资源的深层次发掘和利用。其次，遵循以公谋公的基本原则。不可滥用手中权力，而应该服务于组织目标的实现。

②树立员工第一的观念：这种思想为当下人力资源管理领域人本主义管理理念的广泛传播奠定了坚实基础。纵观国内数字图书馆的当下运营情况可知，其引入"读者第一"这一观念的时间都不长，短时间内大概率无法认可"员工第一"的观念。事实上，两种观念不仅不冲突，而且对于后者而言，前者还发挥着基本保障的作用。若想实现真正意义上的"读者第一"，则要求所有员工均能发自内心地提供相关服务，读者经由为其提供服务的员工去认知和评价数字图书馆的各级领导，大部分读者是不可能见过这些领导的，更不用提熟悉了。对于管理者而言，为员工服务是其重要工作内容之一，要想让员工发自内心地为顾客服务，则需要管理者发自内心地为员工服务。因此，有必要引入"员工第一"的观念并真正运用到实际中去，如此操作管理者们才会设身处地地去分析下属的想法及需求。基于组织层面看，数字图书馆也可被看成是依托共同目标聚拢得到的人群，因而需要尽量满足全体成员的正当需求，这样的组织才能在可持续发展的道路上阔步前行。所以，仅关注读者需要有其片面性，事实上也是无法真正

满足的。管理者不直面读者，很难直接获悉读者需求，这项工作一般通过基层员工去实现。因此，管理者的核心职责体现在全面且准确地获悉员工需求并加以满足，借此有效调动其工作热情，从而为广大读者提供更为优质的服务。

③树立员工是合作者而不是下级的观念：在数字图书馆的工作环境下，把员工称为下级是不可取的，应扭转传统观念，把他们当成是享有平等地位的合作者，如此才能营造出集平等、高效协作、富有创造性等特点于一体的良好工作环境。倘若视员工为处于被动接受地位的下级，对其一言一行进行严格管控，且员工无须承担任何不良后果的责任，然而此种管控是不切实际的。因此，应对一线员工进行适度放权，只有遵循平等理念展开相关工作，员工才能感受到被重视和尊重，进而有效激发其主观能动性，为所在数字图书馆做出更大贡献。

2. 辅导

辅导可被理解成主管对员工进行辅导，帮助其更好达成既定绩效目标的一系列过程。利用辅导能够让员工接触到更多新的知识和技能，规范其前进方向，防止偏离目标。在数字图书馆领域，绩效辅导的主要目的表现在以员工为对象为之提供相应帮助，助力他们顺利实现既定的工作目标，同时对馆内各类资源进行合理调剂，总之一切服务于目标的达成。在辅导过程中，主管应做好观察和记录工作，尤其要密切关注和"行为/结果"有关的一应关键事件，在详实记录的基础上加以有效分析。

①收集记录与绩效有关的信息：这是评价绩效高低的基础；明确绩效行动存在的各种问题及其原因所在；查找和确定优质绩效的成因，如：观察到某一先进工作方法之后，在系统总结的基础上在同类岗位中予以推广，提高全体员工的工作效率和质量。

②绩效记录的原则：实事求是地展现事情经过，无须强加人为修饰；用语尽量简洁、直白、直击要点；规范用语，找准事实取向。

3.沟通

数字图书馆在推动绩效管理的所有活动中均需做好沟通工作，无论是在绩效目标设定上还是在出具考评结果上或是在考评效用方面，均需和有关员工进行及时且深入的沟通。沟通的主要目的体现在服务于既定绩效目标的顺利达成，助力员工改善个人业绩，及时发现问题并加以妥善解决，甚至可对既定绩效目标加以因地制宜的调整和完善。

对于沟通而言，可以是正式的，也可是非正式的。在具体操作方式上，有多种方式可供选择，包括书面的、面谈的以及会议的等等。

①沟通的内容：在和员工进行有效沟通的基础上制订高度契合实际的绩效目标计划；解释绩效目标的内涵，方便员工认知和接受；以员工为对象提供必要指导；收集员工践行目标计划期间碰到的困难，尤其是个人难以克服的困难，探究解决之道，助力目标达成；和员工围绕相关问题进行分析，倾听员工看法，打造和谐的上下级关系；在开展绩效考评的活动中，应当听取员工意见并适当吸纳；在考评结束之后仍需和员工做相应交流，如围绕绩效管理效用问题进行探讨，了解员工看法。

②建立绩效沟通制度：为将绩效管理工作落到实处，顺利实现既定目标，管理者应在上下级之间开辟出良好的沟通渠道，就有关信息进行及时交流，以便形成共识，打造和谐、健康的人际关系。由既有研究成果可知，当员工所属类型及层次存在差异时，可通过不同方法方式进行沟通，以此保证沟通效果。

设立"投诉意见箱"。为每间办公室均配备一定数量的沟通用纸及配套信封，员工有想法和诉求时随时可以写信并将之投入信箱。设立"意见处理部"这一长效机构，承诺十个工作日之内必给答复。明确复信原则并加以严格落实：在接收到反馈时，一定要为之提供针对性的正面回答；禁止避而不答；应当持有坦率、真诚的工作态度；重点处理共性问题。值得一提的是，数字图书馆对那些发表了个人看法的员工要采取绝对保密处理。

践行"门户开放"这一政策。员工倘若在工作中遭遇了不公正待遇，而直接领导和意见箱均失效，此时数字图书馆需要为他们提供另外的解决之道，即越级反馈的权利和渠道，直至问题得到妥善处理。

推出管理人员专访制度。在意见沟通这一块，应做到双向进行，具体而言，数字图书馆需要对管理者提出相应要求，即要做好对员工的访问工作。在专访活动中，管理者应就谈话的关键内容进行翔实记录，确保员工情况得到真正反馈，同时这也是管理者开展过相关工作的证据。

（五）实施绩效考评

在数字图书馆绩效管理的整个体系中，绩效考核是一个关键环节。对于数字图书馆而言，绩效考核的实质是围绕员工的工作行为表现及其取得工作结果的有关数据加以收集、梳理并作出评判。纵观数字图书馆的日常运行可知，其建立在员工有效工作这一基础之上，所以务必要做好对员工绩效的评价工作，且要做到奖优罚劣，调动全体员工的工作积极性。

1.绩效考评的原则

在绩效考评的具体操作中，应严格贯彻"以人为本"这一原则。对员工给予足够的尊重和关爱，充分调动其主观能动性。员工在绩效行动中所付出的努力，需要得到正确的评价才能得以体现。在践行"以人为本"这一原则的过程中，尤其要落实好下述工作：

①要实施分类考评：首先，结合岗位差异分别进行考评，制订不同的考评内容和标准，采用不同的考评方法。其次，基于层级职务差异，进行有所侧重的考评设计，例如，在对软件程序员、软件工程师这两种层级的员工进行考评时，不同考评内容所占的权重就不同。最后，不同项目的考评也要分别进行。可见，采取分类考评的做法，一方面要树立可信的绝对值，另一方面还需结合具体岗位设置所谓的相对值，以发挥先进带动后进之效。更为关键的是，通过分类评价方式的实施能够让身处不同岗位的员工最大程度地发挥个人长处。

②要开展适应性评价：适应性评价是对员工岗位匹配的评价。要根据员工自身的功能，做到最佳匹配。当发现部分员工短时间内难以胜任时，

在条件许可时为其调岗，帮助他们寻找到合适岗位。很多实例证明，考核为"不称职"的员工通过调整，找到自己的位置，会将工作做得更为出色。这是数字图书馆管理者应该切记的。

2.绩效管理的考评层级和考评关系

①评定层级：面对不同层级，无论是考评重点或是考评频率均存在一定差异，共分三级：

决策级考核：主要考核数字图书馆高层领导，由董事会执行。

部门级考核：针对部门副经理及更高级别的部门领导进行考核；由馆内的绩效考评办公室负责具体推动。

员工级考核：普通员工，考核权被交到了各部门管理者的手中，审核权则被控制在馆领导的手中。

②考核关系：被考核者的直接领导是考核工作的具体执行者，相关组织提供的评价信息，可被纳入评价并成为它的组成部分，例如对于组织考核而言，内部客户所对应的满意信息被用来衡量被考核机构的一系列内部满意指标；间接上级将会围绕绩效结果予以相应的审核；在审核工作结束之后，要求直接上级、被考核人员进行充分沟通，并完成对结果的确认。

3.考核方式

在绩效考核启动之前，一定要挑选出适宜的考核者，通常情况下会对他们提出下述要求：能长时间、近距离接触被考核一方；能做好对观察结果的有机转化工作，得到相应的评价信息，且能将偏差控制在允许范围内；能够实事求是、不掺加个人恩怨地进行绩效考核，并提供真实、准确的评价结果。考核者一般涵盖四种类型，分别是直接领导、下属、自我以及客户。

①自我评估：所谓自我评估指的是，被考核对象围绕个人的工作任务完成情况予以分析和评估。

评估。在开展绩效考核的活动中，若想赋予员工更高水平的参与度，那么启用自我评估模式是相当见效的。该种模式可以强化个人意识，让他们更加清晰地认知个人的有待改进之处，进一步提升他们的满意度，愿意配合数字图书馆的绩效考核工作，并且能够帮助管理者识别员工的培训和发展需求。但是，自我评估的结果常常会优于上级考核的结果，这主要是因为员工的自我评价过高。因此，自我评估主要适用于个人发展计划及培训等方面。

②直接上级考核：

a.直接上级考核的基本原则：考核者一定要秉持高度负责的态度，立足客观事实，将考核工作落到实处；对于考核而言，发展被考核者的工作能力是其终极目标。

b.直接上级考核的考核依据：在考核过程中，可供执行的依据是提前设定好的和被考核对象有关的一系列关键绩效指标及其评价标准；在考核过程中，会围绕被考核对象在特定时期内的工作行为表现及结果进行分析和判断。

c.上级考核的考核程序：考核者通过预先设定好的绩效标准推动相应的考核工作，期间要认真填写《员工绩效考核表》；考核者需要围绕被考核者身上表现出来的主要优点及缺点予以梳理和归纳，且要指出其工作方面的有待完善之处，提供指导意见的同时也要给出相应期望。

d.上级考核的优缺点：优点表现为直接上级接触员工的机会较多，对其观察和了解均比较深入，能把个人考核和部门目标乃至企业目标进行高度的有机结合。缺点表现为当直接上级持有个人偏见或受到友情等亲密关系的影响时，势必会干扰到考核的公正性。

③下属考核：

下属考核的适用对象：凡拥有下级员工的那类管理者，务必要接受上一级管理者的考核。

下属考核的基本原则：考核者一定要秉持对组织和自己高度负责的态度，立足事实展开实事求是的考核；仅围绕工作表现、态度、能力这三方面展开考核，而无需针对个性特征予以评价，更不准掺杂个人喜恶；在下属考核这一块，通过不记名保密的方式开展。

下属考核的考核依据：主要参考的是相应的绩效指标及其标准。

下属考核的考核程序：在绩效管理后期阶段，考核者应结合被考核对象的绩效标准，认真、如实填写《绩效考核表》，最终呈交至数字图书馆的人力资源部门。

下属考评的优缺点：对于管理者而言，管理手下员工是他的核心工作。下级尽管知晓上级的能力及其工作结果，然而下级考核也有明显弊端，即不敢得罪领导，因而违心迎合。

④客户评估：客户评估包括两方面，一个是内部客户，另一个是外部客户。内部客户可被细分成上级、同事以及下属等，外部客户由多类人员共同组成，包括产品用户、书商以及出版社等。当部门存在差异时，外部客户也会表现出一定差异。因此，在数字图书馆绩效考评中，在对有对外联络任务的部门进行考核时，适当增加外部主要客户的意见；在对管理层实施考核的操作中，在引入自我评估和下属评价的同时，还需启动上级考核、平级互评等考核方式；在对普通员工实施考核的操作中，在引入自我评估、上级考核的同时，还可启动平级互评的办法。

（六）绩效结果反馈与沟通

管理者对下级的工作绩效做出相应评价之后，接下来一定要和当事人做面对面的交流，该环节尤为关键，原因在于绩效管理的主要目的表现在对内部人力资源功能予以有效促进，使其得到不断提升，进而为客户日益增长的需求提供有力支撑。若想实现该目的，绩效面谈交流环节往往发挥着极为关键的作用。

1.绩效面谈的目的

优化被考核者对绩效管理制度的认可度和满意度：管理者、下级员工在面对面交流期间，能够围绕绩效目标达成期间遇到的问题进行分析，梳理成因，并探讨解决之道。

能让员工了解上级关于个人工作绩效的评价：在一个完整的绩效管理循环进入尾声时，员工自然希望可以从上级那里知晓他关于自己工作绩效的看法，以便在后期予以针对性优化，进而提升个人的工作能力。另外，员工也希望围绕部分关键问题和直接上级进行探讨。员工在辛苦奋斗一段时间之后，自然希望个人的努力能得到公正评价，而此类评价也是激励体系不可或缺的部分，特别是在绩效相对理想的情形下，员工更希望受到上级乃至组织的认可，让个人的自我实现需要得到充分满足。

确定下一绩效管理期的绩效目标和改进点：在考评双方均高度认可绩效结果之后，双方接下来需要围绕下个绩效考核周期的一应事务进行商讨和确定，包括绩效目标以及一系列的改进点。

2.绩效面谈前的准备

①主管人员须注意之处：在适宜的时间展开有效沟通。

确定适宜的沟通场所，准备好有关材料，除评价表之外，还包括日常工作记录以及定期总结等。

②员工方面的准备：填写好自我评价表并随身携带；准备好个人职业发展规划；归纳好想要了解的问题。

3.绩效面谈的原则

①建立良好的信任关系，并加以妥善维护；②清楚阐述此次面谈的主要目的及所要达到的效果；③让员工有更多的开口机会；④认真聆听；⑤不可产生对立；⑥关注未来，不要过分纠结过去；⑦围绕绩效进行沟通，不要谈及性格特征；⑧明确各自需要完善之处，并给出针对性的解决办法；⑨该结束时一定要果断结束；⑩以积极、愉悦的方式结束整个面谈工作。

第五章　数字图书馆的服务

第一节　数字图书馆服务的特点和内容

一、数字图书馆服务的特点

数字图书馆建设的最终目标是为用户提供数字化服务。数字图书馆提供的服务不仅包括传统图书馆服务在数字环境中的实现，如在线阅读与下载、电子文献传递、离线阅读与打印，还包括以网站服务形式提供的服务，如浏览、查询、最新信息报道服务等，它还可以提供包括信息库、教育环境、参考服务、个性化服务等在内的服务平台。

与传统图书馆相比，数字图书馆有其自身的特点，同时由于高技术的支撑，数字图书馆服务在服务对象、服务内容、服务方式等多方面都具有了新的特点。

（一）服务对象社会化

数字图书馆通过网络连接各地，服务范围相应扩大到网络所连通的任何地方。因此，其服务对象已不再局限于传统图书馆的读者群。它的读者不分年龄、不受时空限制，只要拥有计算机终端并接通互联网，都可获得数字图书馆所拥有的所有信息资源。数字图书馆的用户已远远超过了传统图书馆中物理意义上的进馆人数。数字图书馆的服务范围已经由传统图书馆的一馆一舍模式转为向全社会开放，其服务对象的信息需求也从面向某个图书馆或文献情报中心而转向整个社会。

（二）服务内容数字化和多样化

在数字图书馆里，一切信息都是由计算机管理的。各种载体形式的原始信息通过数字化技术转化为数字形式，并利用计算机网络和多媒体技术统一存储、传输和管理。数字图书馆的资源不再局限于自身采集收藏的文献范畴，它还包括那些利用网络所获得的、本不属于图书馆自身拥有的信息资源，即各类型数据库、多媒体信息、网页以及与其他信息资源的链接，还包括蕴含各种信息和知识产品以及掌握知识的人等。

（三）服务项目高层次化

数字图书馆的服务将不再是以文献借阅、参考咨询为主的浅层次服务。知识增值与智能重组，提供个性化主动服务是数字图书馆的主流服务。数字图书馆将实现由文献提供向知识提供的转变，即实现以书本为单元的浅层次服务向以知识为单元的高层次服务转变。数字图书馆信息提供的知识化将会为广大用户提供"知识仓库""学术银行"。由于信息加工的知识化、智能化和完备的检索系统的建立，使数字图书馆能够为用户一次性提供所需某一主题的目录、论文和著作的全文、照片、图像、声音等各种知识信息，由信息提供的分次满足转变为信息提供的一次满足。

（四）服务手段网络化

高速且高效的网络传输为信息服务带来了崭新的变革，数字图书馆依赖网络发挥其强大的信息服务功能。数字图书馆的读者服务工作，包括网上学科导航系统的制作、网页制作与维护、数字化资源的宣传与推广、读者利用数字资源的培训、网上咨询工作、各种请求的处理和转换、数字资源的传递等，都是通过网络来实现的，图书馆与读者之间通过网络实现远距离交流，各类图书馆之间也是通过联网实现远距离网上合作的。数字图书馆信息资源上网，变独享为共享；信息服务进网，变手工服务为网络服务；信息服务机构联网，变单体为组合，即是一个全新的开放性网络服务系统。

（五）服务方式多样化和主动化

数字图书馆将成为数字化信息服务的中间提供者。首先，数字图书馆利用自身的 Web 站点，将自己丰富的馆藏信息展现在读者面前，向分布在世界各地的读者提供信息服务；其次，通过网络以及方便快捷的搜索引擎引导读者查找世界各地的数字化信息资源；最后，数字图书馆所提供的信息内容不再局限于目录、文摘等，而是多方位地提供全文信息浏览、数据软件下载、音频视频点播等多媒体信息的服务。此外，数字图书馆还通过电子邮件等方式提供专门信息咨询服务。数字图书馆是一个将收藏、服务和用户集成在一起的环境，它支持数字化信息整个生命周期的活动，包括生成、发布、传播、利用和保存。它提供的服务是主动型的，随时发布和传播各种信息资源的消息，它不断地、主动地为读者提供所需的各种信息资源，提供导航式和个性化服务。这样，图书馆服务模式就由被动式转变为主动式服务。

（六）服务资源共享化

数字图书馆允许多个读者同时存取同一信息资源，不受资料实际存放位置或复本数量的限制；读者只要通过查问联机目录和检索数据库确认所需资料，图书馆就可将以字符编码形式或电子页面图像形式存储的文献信息传输到远程读者的工作站，供读者浏览或经授权后打印。

（七）服务流程一体化

服务流程一体化是网络环境下信息服务普遍追求的一种服务模式。对读者而言，一体化的信息服务是最理想的服务，因为它能够集咨询功能、文献检索功能和文献提供功能于一体。读者通过网络登录数字图书馆的网站，签字、提交查询后，数字图书馆服务器就会根据用户的要求帮助用户查找；通过数据转换，将查询结果展现在用户面前，在用户的终端上便可完成整个流程。

（八）服务的产业化

数字图书馆可利用其本身信息资源的优势实现信息服务商业化、产业化。随着文献信息数字化、服务手段多样化和计算机网络技术的广泛应用，数字图书馆已不再是传统意义上的文献信息的存储和传递中心，而是拥有各种资源、数据库和信息服务手段的现代"信息中心"，具备了信息服务产业化的基本条件。将市场观念和效益观念引入数字图书馆，促使其向产业化转变，必将产生良好的经济效益。

二、数字图书馆服务的内容

数字技术提供了从根本改变图书馆的用户对象、开放时间，以及所提供的服务类型的可能性，因此数字图书馆相比传统图书馆，既扩大了服务的内容，又增强了服务功能。数字图书馆服务的内容可以概括为如下方面：

（一）检索服务

数字图书馆最基本的访问服务是馆藏检索。对数字化馆藏的要求是目录应与馆藏本身无缝链接。其中馆藏不仅包括各种数字化的馆藏信息，还包括各种数据库资源、镜像服务资源以及经过加工整理后的网络信息导航检索。

（二）参考咨询服务

参考咨询服务是数字图书馆信息服务的一项重要内容，数字图书馆应深入社会各阶层，加强与用户的联系，了解用户的需求，开展参考咨询服务。传统图书馆行之有效的参考咨询服务在数字图书馆环境下拓展为基于网络的交互式智能化咨询服务机制。主要有以下形式：提供多层次的咨询服务接口，包括 FAQ 链接，帮助与指导手册，用户讨论组以及通过电子邮件或网络论坛等交互方式实现用户与虚拟咨询员的在线或离线讨论；对用户的网络信息检索过程进行现场智能化引导，检索失败时，提供有效的解决方案和操作指导；针对用户的信息需求进行智能化推送服务，这是一种在用户的检索过程中自动提供与用户需求相关的新资源、新服务介绍和链接的现场报送方式；设立交互式咨询台，直接解答用户输入的疑难问题。

（三）信息筛选和选择型传播服务

信息选择性传播或定题信息服务在资源提供的丰富性与服务手段的方便、快捷、智能化等方面具有传统图书馆不可比拟的优越性。数字图书馆充分利用了现代化的信息技术手段和丰富的馆藏信息资源以及互联网信息资源，能够深入社会生活的各个方面，了解用户的信息需求，为用户提供更优质的定题信息服务和专题信息服务。采用电子邮件式报送、网页式报送、专用信息发送与接收软件报送等互联网信息推送技术向用户定期提供事先选定的专题信息。筛选服务可以通过编制原始信息的摘要向用户提供增值服务。信息筛选的有意义的延伸是利用数字图书馆固有的链接性能来进行合作筛选。在筛选中，用户对馆藏信息进行评定，这些评价又为广大社区人们所共享。因此，热门的内容就很容易被找到，人们能通过相似的概要特征找到别人已发现的有用信息。

（四）用户教育和培训

对用户进行教育和培训是数字图书馆信息服务的一项重要内容。数字图书馆将把正规、非正规和职业学习过程更紧密地综合在一起。数字图书馆提供了打破学校围墙的新机遇，使人们无论在哪里、无论什么时间想学习，都可以学习。除了提供丰富的学习内容，馆员还可以帮助用户获取寻找信息的技巧。数字图书馆支持合作性远程学习，并在帮助参与者准确提出问题、寻找相关材料以及解释和应用信息等方面提供中介服务。

第二节　数字图书馆的虚拟参考服务

一、虚拟参考服务的概念

虚拟参考服务 VRS（Virtual Reference Service）是一种基于互联网（或 Web）

的帮助服务机制。通过它，用户可以电子的方式（电子邮件、Chat、Web Form 等）提出各种问题，请求网上的"信息专家"给予回答，而信息专家的回答也以电子的方式反馈至用户。因此虚拟参考咨询服务是一项基于互联网的服务，不受系统、资源和地域等条件限制，能利用相关资源通过专家为用户提供 24 小时不间断服务，并能使用户在限定的时间内获得可靠答案的新型虚拟咨询服务。其实质是通过网络化、数字化的手段为用户提供咨询服务，帮助用户获取所需信息。

虚拟现实系统（VRS）具有两个明显的特征：首先，区别于传统图书馆参考服务中用户与参考馆员直接面对面的或电话式的信息传递方式，VRS 中用户的提问和专家的回答采用了当今主流的网络信息交流工具；其次，区别于一般网络信息搜寻过程，VRS 是以多主题领域的信息专家直接响应用户的各种提问，是一种人工协调的提问—回答服务（question-and-answer services）。专家对用户提问的回答可以是直接、事实性、知识性的最终答案，也可以是印刷版、数字化的源信息的指示线索，或者是两者的有机结合。虚拟参考服务的实现必须具备的基本条件是：计算机网络环境、数字化参考咨询服务系统、数字化参考咨询源、资深的参考馆员。其工作机制主要包括以下几个步骤：

第一步，问题接收（question acquisition）：以各种电子方式接收用户的提问。

第二步，提问解析和分派（triage）：对接收到的用户提问进行分析、筛选、评估，并查询先前的问题 / 答案保存文档，看是否有现成的答案。若无现成的答案，系统便将此提问按照一定的规则发至专家库（poll of possible respondents），以寻求能回答问题的最合适的专家，专家库则根据一定的规则顺序回答问题。

第三步，专家生成答案（expert answer generation）：专家根据自身知识和可获取资源，按照一定要求回答问题并产生答案。

第四步，答案发送（answer set）：专家回答问题后，答案粘贴在系统的回答页面供用户进行查询浏览，当然，答案也可直接发送至用户电子邮件信箱。

第五步，跟踪（tracking）：通过所记录的提问信息来了解每个问题的处理情况，如需要，可随时将当前处理的状况通报给用户，而每个问题回答后，需将问题和答案进行存档，以便日后查询，这样就逐步形成了供检索的知识库。

二、数字图书馆虚拟参考服务的模式

数字图书馆虚拟参考服务的一般模式有如下几种：

（一）静态的网上咨询服务

该方式中，咨询服务的提供者与接受者之间不发生实时的动态"接洽"，虽然有时一些服务的提供方会定时或不定时地更新其服务内容，但主要服务方式并没有改变。内容包括借阅须知、书目查询、查找资料、网上新书通报、图书馆布局、常用资源介绍、学科导航、读者服务与读者指南、数据库等。

（二）基于电子邮件的虚拟参考咨询服务

这是虚拟参考咨询最早、最简单，也是最流行、最易实现的模式。美国佛罗里达州大学的图书馆于 1989 年秋季首创电子邮件咨询服务，以后几年里逐渐在大学图书馆和公共图书馆流行。这种模式的表现形式不尽相同，大致有两种形式。

最简单的形式通过链接直接进入，一般是美国微软公司（Microsoft）的 Outlook 电子邮件应用页面，收件人地址是系统默认的，读者根据自己的需要，如同和一般人交流那样书写信件内容，然后发送即可。接受咨询的一般为参考咨询部门，参考咨询部门收到提问后，通过各种途径，将取得的直接结果信息或者是获取这些信息的途径与方法仍然通过电子邮件传递给读者。

另外一种服务形式是幕后的参考咨询馆员可以呈现在读者的眼前，使读者对各位参考咨询馆员的简历和咨询学科一目了然。读者可根据需求的学科范围，有针对性地选择咨询专家。读者填写提问表单提交或发送，问题通过电子邮件传递给相应的参考咨询馆员，不久，读者就能得到满意的答复。这种形式的服务，一般要求建立一个管理中心或由专人负责。读者的提问和参考咨询馆员的回答在系统设计时都会同时传递到管理中心，管理中心负责统计问答数据和读者信息，协调各参考咨询馆员的网上参考咨询工作。如果参考咨询馆员不能回答读者提问，管理中心或分派给其他咨询人员或自己回答读者提问。

（三）基于实时交互技术的虚拟参考咨询

由于基于电子邮件的虚拟参考咨询不能实现传统面对面咨询中实时交互的功能，人们开始寻求用新的技术和方法来提供能够实现实时交互的虚拟参考咨询服务。

使用 Internet Chat 技术实现虚拟参考咨询，如美国宾州大学商学院的实时参考咨询，主要是通过聊天软件如 Live Person 等作为支撑，建立虚拟参考咨询服务的聊天室，在图书馆网页上增加此虚拟参考咨询服务的链接。开设不同学科的小聊天室，参考咨询馆员是每个小聊天室的主持人，并对系统有一定的管理权限。读者通过浏览器进入图书馆网站点击"实时虚拟参考咨询"链接后，就启动了这个聊天性质的咨询系统，双方可进行文字形式的咨询交谈和传递咨询结果。

利用网络共享白板或网络会议技术可以让读者与参考咨询馆员通过图像和声音实现面对面的有声交流，又是另一种形式的实时交互虚拟参考咨询。一般利用 Net Meeting 等软件辅以摄像机、话筒、交谈窗口。系统除了聊天模块，还可同时开启浏览窗口进行数据库检索，并将结果拷贝到聊天模块和白板上进行传输。这样，参考咨询馆员与读者可以面对面同步交流，及时显示图像和文字，达到读者到馆与咨询馆员当面交流同样的效果。

利用网络呼叫中心应用软件，可以集合电子邮件、聊天室、网络会议功能，并将它们与网页共享和应用共享技术相结合。系统提供咨询馆员一对一和一对多的咨询形式。在咨询过程中，双方可以实时传输各种格式的文件，参考咨询馆员可以通过系统同时向多个读者演示和讲解信息检索过程，实现类似远程互动教育的模式。

（四）网络合作化的数字参考咨询服务

这是由多个图书情报机构联合起来形成的一个分布式的虚拟数字参考服务网络，面向更大范围的网络用户提供的一种数字参考服务。它以浩如烟海的互联网资源及丰富的图书馆馆藏资源为依托，以全球图书馆及相关机构的数字网络为桥梁，以一批参考咨询馆员和主题专家为后盾，通过一定的咨询服务系统，为在任何时间、任何地点提问的任何读者提供参考服务。由于电子邮件和实时交互参考咨询的方便性和快捷性，很容易带来咨询请求量的急剧增加，参考咨询馆员也越来越多地遇到由于超过自身知识能力和图书馆可利用资源有限等难以一下解决的复杂问题。为了解决这些问题，及时、高效地为用户提供高质量的信息，各个图书馆在这项工作中产生了网上资源共建共享协作的理念，充分利用各馆的馆藏资源特色和参考咨询馆员的人力优势，开展跨专业、跨地区、跨国界的全球性的参考咨询协作。基于这种想法，人们开始探索利用网络技术建立多个机构甚至多个系统的合作化的虚拟参考咨询服务系统。

三、国内外数字化参考咨询服务的实践

（一）国外数字化参考咨询服务的实践

1. 美国教育部资助的虚拟咨询台系统（Virtual Reference Desk）

美国教育部资助的虚拟咨询台系统是一个代表性的合作咨询项目，它以 80 多个专家咨询网站为基础，为中小学师生提供 7×24 小时的专家咨询服务。专家咨询网站，又称为 AskA 服务网站，网络用户可直接进入相应网站提出问题，这些问题被传给具有专家身份的人员，他们回答问题后，将答案用电子邮件传给提问者。一般每个专家咨询网站都有若干专家来回答

问题，或者利用邮件群在一组专家中公布问题和征求答案。虚拟咨询台系统利用网络将这些网站集成在一起，用户可直接向虚拟咨询台提出问题，系统自动地利用所有专家咨询网站的资源来解答用户问题。

虚拟咨询台由一个分布式 Meta-Triage 系统和多个 AskA 网站构成，用户可通过 Web、电子邮件等方式向咨询台提出问题，咨询台的 Meta-Triage 系统解析用户问题，用初步解析出的问题检索咨询知识库（即咨询问题与相应答案库），或者交给网站搜索器检索 AskA 网站数据库来根据问题性质、用户身份等确定合适的专家咨询网站。在这些处理过程中，系统将判断处理的正确性。如果正确性达到一定水准，就可直接进行下一步操作，否则将处理结果交给人工分析模块由专门人员进一步分析处理。人工分析模块支持多个人员分布式地利用有关数据库来进行答案正确性分析、复杂问题的性质分析、专家咨询网站确定和问题传送、重新编辑答案等。当问题被转给特定专家网站后，它会利用自己的资源和程序回答问题，在此过程中还可与用户交互来澄清问题，或者将问题交还给人工分析模块重新确定合适的咨询网站，或者自行连入其他专家或专家网站。问题传送将采用标准协议（Question Interchange Profile，QuIP 协议），用 XML 语言标记，将对询问问题与答案、用户情况、处理要求、工作流控制、服务费用支付等进行规范化描述，保证合作各方准确无误地交换询问问题和答案，并控制操作过程。系统还将跟踪咨询过程并可激发相应处理，同时将询问问题和答案组织到咨询数据库中。虚拟咨询台所采用的标准问题交换协议、工作流控制、人工与自动相结合的问题分析、分布式分析模块等将有力地支持网络环境和实际经济条件下的合作咨询服务。

2. 美国的 CDRS

CDRS（Collaborative Digital Reference Service）的意思是联合数字参考服务。1999 年 1 月，在美国费城举行的美国图书馆协会冬季会议上，美国国会图书馆在广泛深入调查研究的基础上撰写并递交了建立和开展联合数字参考服务的建议方案。经过一年时间的方案论证与进一步的修订完善，

CDRS 的实验计划于 2000 年 1 月正式启动，并将整个计划分为三个阶段分步实施。2001 年 1 月，在美国华盛顿举行的美国图书馆协会冬季会议上，美国国会图书馆与 OCLC 联合举行了一个题为"建立虚拟参考咨询台"的研讨会，并公布了双方合作建立与开展 CDRS 的协议。

CDRS 系统是一个由多个图书情报机构、相关组织和个人共同参与进行参考服务的联合服务系统。它的宗旨是在任何时候为任何地点提出问题的任何人提供专业的参考服务。该系统主要由成员属性文件（member profile）、提问管理器（request manager）、问答结果集（result store）、问答知识库（knowledge base）等组成。

CDRS 作为一个全新的网上联合参考服务系统，其工作流程与服务管理也是一种全新的模式。一般来说，CDRS 工作流程分为接受提问、分派提问、回复提问、存储答复和建立问答知识库等五个主要环节。

3. 英国的"请教图书馆员"（Ask a Librarian）

EARL（Electronic Access to Resources in Libraries）的意思是图书馆电子化资源的取用。该计划联合了 100 多所公共图书馆的力量致力网络资源的开发。英国的"公共图书馆网络联盟"（the Consortium for Public Library Networking）旨在促进英国公共图书馆经由网络提供高质量的信息服务，其提供的"请教图书馆员"服务就是这样一种服务。

Ask a Librarian 是 EARL 公共图书馆网络联盟提供的服务中的一部分，是 1995 年开始从英国公共图书馆网上获取项目信息，目的是充分利用网络优势为图书馆用户和其他公众提供服务。对成员馆采用的是各个图书馆轮流值班的管理制度，即规定某一天由某个图书馆负责解答用户的咨询，该系统通过网页表格接收用户咨询的问题，按照用户的地域和年龄将问题通过电子邮件分发给当天值班的图书馆，咨询人员再将答案以电子邮件传回。

国外成功的数字化参考咨询项目还有很多，如美国教育部的 Ask ERIC、美国密歇根大学的互联网公共图书馆、美国马里兰大学图书馆的"参考服务的电子化访问"、日本九州佐贺 5 所国立大学图书馆的数字参考服务联盟机制、芬兰 18 所公共图书馆联合提供的"请问一个图书馆员"的服务等。

（二）国内数字化参考咨询服务的实践

我国数字化参考咨询服务工作起步较晚，目前尚处于起步阶段，各图书情报机构开展的数字化参考咨询服务大多是单项数字参考咨询服务，只有上海市中心图书馆网上联合知识导航站等少数网站提供合作化数字参考咨询服务。

上海市中心图书馆网上联合知识导航站是在初步实现上海市文献资源共建共享的基础之上，由上海图书馆牵头并联合上海地区公共、科研、高校等图书馆及相关机构，为适应世界图书馆事业发展新趋势，面向现代化、面向世界、面向未来，率先在国内推出的一个旨在向各专业技术和研究人员提供高质量专业参考咨询和知识导航的新型服务项目。导航站于 2001 年 5 月 28 日开始运行服务。它以上海地区图书馆及相关机构的馆藏资源为基础，以互联网的丰富信息资源和各种信息搜寻技术为依托，以上海图书情报界的一批中青年资深参考馆员为网上知识导航员，通过开发和利用馆藏资源和网络信息资源，实现上海各类图书馆网上参考咨询服务的优势互补，充分发挥图书馆在知识经济社会中为各行业服务的知识导航作用。该导航站的最大特点是专家咨询。现有来自上海图书馆、上海交通大学图书馆、复旦大学图书馆等单位的 17 位中青年参考馆员组成导航专家队伍。他们提供的咨询涵盖社会科学、语言文字、宗教、生物医学、农业、计算机管理、工程技术、化学化工、教育与心理学等多方面领域。

第三节　数字图书馆的主动推送服务

一、信息推送技术

推送技术（Push Technology），又称网播技术（Web Casting），是网络服务

器实现主动向客户机传递信息的一种新型服务方式，它克服了以往网络信息采取拉技术（Pull Technology）的被动服务方式。拉技术的网络信息传输方式是浏览器发送服务需求，在所属数据库中进行检索，查找到用户所需的信息后，再把信息传送给浏览器所属的计算机。推送技术应用于浏览器，是服务器主动向客户机传送信息。推送技术实质上是指一系列的软件，这种软件可以根据用户提交的用户兴趣文档（User Profile）自动搜集用户最可能感兴趣的信息，然后根据用户指定的时间间隔，将信息报送到用户的计算机上。

推送技术的核心思想是建立一个信息代理机制，把由客户端担负的责任转给服务器，由服务器将用户定制好的感兴趣的网上信息用推送或网播的方式直接传送到用户面前。推送客户机软件要求用户必须预先在代理服务器端注册进行信息的初步定制，并向服务器提交个人需求信息。用户在初次使用时，要设定自己所需的信息频道，定制信息将通过互联网自动传播给用户。服务器端主要由一个网络信息搜集器和基于内容的缓存系统来管理网上的动态信息，同时利用自动分类、信息过滤和推送技术为不同的用户整理和提交富有特色的各类信息。当一个服务器通过使用推送软件向客户端推送信息时，推送中介软件（链接推送服务器到客户端的软件）会通过网络的一致性、可靠性、安全性完整地传送信息。

二、信息推送技术的服务形式

信息推送技术的服务形式一般有以下几种：

（一）通知

推送技术的最基本形式是一个简单的通知（notification），如电子邮件。针对这种服务，用户可控制它通知的形式、时间间隔等。通知并不具备很强的交互性和强制性，对资源和信息流量的要求不高。

（二）提要

提要是比简单的通知智能化程度更高的推送技术。提要可实现查看网页或其他信息源，寻找需要匹配的信息，并向用户传递信息。用户要以关键词、日期、数值、比较规则以及其他查询条件提供要查找的信息。提要有很多后台进行的处理活动，不仅是给用户每天一次的报道，它的处理活动还要受查找条件的制约，这些后台处理过程与用户的联系是不可预测的。

（三）自动拉出

它有一组可供用户经常查看的网页。自动拉出将获得所有这些网页，并保存起来供用户以后阅读。自动拉出可以获得许多材料，用户还可以通过电子邮件接收这些材料，或至少通过电子邮件知道这些网页是为个人编制的。

（四）自动推送

自动推送能够根据自身的刷新时间表发布信息。用户可以预订推送信息服务，但需要在网页上连续收听广播。在一般情况下，这种服务要求在用户终端上装有特殊的客户机软件，定期发出更新请求。如果用户不在网页上提出服务要求，将得不到任何服务。利用自动报送，用户得到的可能是全屏报道，或在屏幕底部显示大字标题。这种级别的报送技术有很多交互性，用户可以选择需要查看的信息流，也可以精选发送的信息，或者试探发送用户可能感兴趣的其他信息。

三、信息推送的实现方式

基于不同的技术，信息推送有不同的实现方式。

（一）邮件方式

用电子邮件方式主动将有关信息推送给已在列表中注册的用户，这种方式只需要实现基于互联网的电子邮件发送系统。

（二）基于公关网关接口（CGI）的推送方式

这种方法是使用服务器扩展CGI来扩充原有网络服务器的功能，实现信息报送。这种报送方法是一种最弱意义上的报送，通过这种方法可以获得个性化定制的信息。实质上还是拉取技术，只不过在用户看来，就像报送一样。其基本原理是：网站把 HTML 表单嵌入网页面中提供给用户，用户在浏览页面时填写并提交进行订阅。由服务器上的 CGI 命令文件处理后，动态地生成所需的 HTML 页面，最后由网络服务器将特定信息传送给用户。

（三）客户代理方式

这种方法是通过代理服务器来收集用户的兴趣信息，并与信息提供商建立联系，遍历相关站点，收集用户的兴趣内容，然后报送给用户。基于客户代理的推送方式需要为其资源列表和资源的更新状态等信息建立相应的频道定义格式（CDF）文件并置于网络服务器上。从用户的角度来看，服务是透明的，也易于实现。这种实现方式中，主动服务由客户代理提供，因此可将其称为"智能拉取"。

（四）频道方式

频道方式提供包括服务器推送技术、客户部件及开发工具等一整套集成应用环境。它将某些站点定义为浏览器中的频道，用户可以像选择电视频道那样去选择收看感兴趣的、通过网络播送的信息，而且还可以指定其播放时间。在这里，服务器推送提供主动服务，负责收集信息形成频道内容，然后推送给用户；客户部件则主要负责接收到来的数据及提交指令，并对数据进行处理。通常服务器对信息进行分类组织，先将信息量较大的数据推送给用户，若用户需要详细了解某一方面的信息，则再次获取该项内容。因此，这种方式减少了传输的数据量，有效地提高了信息获取的效率。

四、推送技术的工作流程

通过对推送技术的概念和推送方式的分析，可以看出信息推送技术的工作流程如下：

第一，建立用户需求数据库。用户需求在这里完成注册，表述自己的信息需求，经过统计分析，便于做成一个有效的电子身份证，向用户提供主动及时的信息服务。

第二，建立信息库。信息库负责搜集信息，并对信息进行分类整理，确定标准，把个性化的信息标准设立出来，使大量信息遵循这个标准进入信息库。

第三，服务器的信息推送。服务器根据已建立的用户和信息的对应关系，用户接收各种信息的最佳时间和方式等，在适当的时间将适当的信息主动推送到用户的计算机上。

五、数字图书馆中的推送服务

在数字图书馆中利用推送技术可以改变其服务方式，推送技术可将实用的信息"推"给感兴趣的用户，使用户可以坐等信息到来，它可以实现数字图书馆信息的传播与发布，从"读者找信息"转变为"信息找读者"的服务方式。

采用了"推"技术的数字图书馆不仅可以主动地面向整个网络用户服务，还可以从技术上主动锁定一批特定用户群，为他们提供专题信息服务。这不但提高了信息服务的效能，还节省了用户在网上漫无边际查询信息的时间。对于一个数字图书馆的站点，只要建设一个专业信息服务频道，就能够面向自己的用户开展具有很强针对性的主动信息推送服务。

数字图书馆信息推送服务的一般工作原理为：

（1）用户初次登录到数字图书馆站点，提出获取主动推送信息服务申请。

（2）数字图书馆的网络服务器发送一个申请表单给用户，具体项目包括：用户名、密码、所需信息的主题、关键词、推送信息的地址、推送周期等。

（3）用户填好申请表后，提交给数字图书馆网络服务器，服务器将用户的特征信息、查询要求等传送给"推送服务代理"。

（4）"推送服务代理"根据用户的请求信息，在用户特征信息库和用户信息库中分别增加一条记录。

（5）"推送服务代理"根据用户要求，定期将用户的查询要求传递给"查询代理"。

（6）"查询代理"根据"推送服务器代理"传送的用户要求，定期检索相应的数据库，并将查询结果返回"推送服务代理"。

（7）"推送服务代理"按照用户的要求，定期将最新信息推送到用户指定的地址。

六、推送技术在图书馆中的应用实例

近年来，中国科学院上海文献情报中心，围绕该中心图书馆集成系统及其数据资源开发了目次信息推送系统、新书信息推送系统、带有分类选择功能的新书信息推送系统。这些新开发的系统丰富了原图书馆集成系统的功能，改变了信息服务方式，提升了服务层次。

（一）目次信息推送系统

该系统根据用户的要求定期把现期目次通过电子邮件推送给用户。用户只需填写自己感兴趣的 50 个馆藏核心期刊的刊名和 50 个主题词，便能通过电子邮件收到该中心基于馆藏的现期目次服务。系统每两个星期便向订购用户推送一次目次信息。这种目次推送服务是基于馆藏的，不仅提供期刊信息，而且可以提供全文浏览。

（二）新书信息推送系统

该系统利用中心图书馆集成系统新书信息资源，通过电子邮件向读者自动提供新书目录推送。目前新书信息推送服务已有 500 多个用户，在新书上架的同时，向用户推送新书书目，使读者即时了解最新书目信息。

（三）带有分类选择功能的新书信息推送系统

该系统在原新书信息推送系统的基础上开发了带有分类选择功能的新书信息推送系统。系统可根据每个用户的要求对分类法的类目进行选择，以便在推送时，用户获得相应类目的书目信息。

第四节　数字图书馆的定题服务

一、定题服务

定题服务，即信息的选择性传播，是信息工作机构根据一定范围内的用户对某领域的信息需求，确定服务主题，然后围绕主题进行文献信息的搜集、筛选、整理，以定期或不定期的形式提供给用户的一种信息服务业务。

定题信息服务充分利用社会的信息资源和经过开发而存储于检索工具或系统中的信息，通过检索、查找，集中所定主题的现状、成果和发展方面的文献、事实或数据，对其进行重新整理、加工后提供给用户。通过定题信息服务，可以大大缩短用户查找文献信息的时间，有利于提高信息的利用效率。

二、数字图书馆定题服务的特点

数字图书馆的定题服务是用户通过网络形式给出所需信息主题，由图书情报人员通过多种途径，运用多种技术方法提供给用户需求的信息服务过程。在这个服务过程中，图书情报人员是信息检索和完成的主体，用户只提供一定的内容和范围，这种服务是对工作人员的专业知识、网络知识、检索知识和分析、筛选、归纳、总结能力等综合素质的全面考察。

数字图书馆的定题服务检索系统（SDI）在资源提供的丰富性与服务手段的方便、快捷、智能化等方面具有传统图书馆不可比拟的优越性。它主要采用电子邮件式报送、网页式报送、专用信息发送与接收软件报送等互联网信息推送技术向用户定期提供事先选定的专题信息。它的特点主要表现在：

（一）信息流动由拉（Pull）向推（Push）转换

在数字图书馆环境下，SDI 由传统的被动服务模式转向主动服务模式，即由 Pull 向 Push 转变，实行信息主动推送服务模式，在传统的 Client/Server SDI 结构中，信息的传输是按照"拉"（Pull）的模式进行的，服务器所提供的服务是被动的。而在数字图书馆系统中，服务器把信息"推"（Push）给客户和系统。Push 技术在 SDI 中的应用使信息的搜索和发送过程更加个性化、智能化，它一方面可以主动将重要的适时信息立即推送给用户，避免 Pull 方式中的信息滞后现象；另一方面大大减少了用户的重复操作，使得 SDI 中用户和情报人员之间的信息流动更加畅通。

（二）更好地为用户提供信息挖掘服务

在数字图书馆的 SDI 中，信息人员必须在对信息资源的充分发掘、加工改造、扩展开拓、功能放大、发明创造的基础上，才能为用户提供满意的信息。对任何一个特定用户的特定需求来说，数字图书馆中的任何一个信息库都可能是异构数据库，如何从中将最有针对性的信息找出来，必须借助数据挖掘技术。利用数据挖掘技术来改革传统的 SDI 服务方式，可以说是数字图书馆 SDI 服务的一个重要技术标志。

（三）SDI 的个性化得以充分体现

SDI 是图书情报机构信息服务中最典型的专业个性化信息服务。传统的文献信息服务手段是利用卡片式、书本式的目录索引及文摘检索工具，通过手工检索为用户提供文献信息服务，其服务手段是一种单一、被动、落后的服务，受时间、空间和服务对象数量的限制，既不能实现真正意义上的个性化信息服务，也不能满足用户的信息需求。而在数字图书馆 SDI 中，这一切均得以改善。由于采用了数据挖掘、智能信息推拉、网页动态生成、智能代理等技术，一方面，使得用户能更快、更准确地从信息服务人员提供的信息资源中拉取到自己所需要的最新信息；另一方面，信息服务人员根据用户信息需求，可以更及时、更有针对性地向用户推送实用信息，从而使 SDI 的个性化信息服务的特点得以充分体现。

三、数字图书馆定题服务的原则

以满足用户信息需求为工作重点的数字图书馆定题服务是在搜集信息的基础上，通过科学的方法和利用专门的知识，从研究的角度进行信息分析，为用户提供科技决策、科学管理的信息保证和科学决策的依据、建议和方案等的一种具有高附加值的深层次知识服务。要做好数字图书馆的定题服务，必须考虑到以下几个原则：

（一）主动性原则

必须了解国内外科技发展战略和研究开发动态趋势，从文献研究的角度了解国际科技的发展热点、态势和科研进展情况，主动搜集有关文献并积累相关知识，选择具有前瞻性、针对性，并与国际接轨的服务课题，主动出击，寻找信息需求用户，努力将潜在用户转化为现实用户。

（二）用户原则

用户原则是指针对不同的用户对象，在充分了解用户信息需求的基础上，为其提供满意的服务。但在实际工作中，用户往往只在时间、空间和内容上提出一个笼统的信息要求，对深层次的信息需求缺乏充分的表达和设想。因此，只有在与用户进行反复交流的基础上，才有可能提供令用户满意的服务。在实际操作中，检索系统在与用户的交流中运用其智能化推理机制与知识库，不但要理解用户表达出的显性信息需求，而且要为用户提供有参考价值的检索方案，使用户获得更有价值的信息。

（三）信息搜集原则

1. 准确性

搜集准确的信息是提供定题服务的关键。当代科学技术的高度发展，一方面，导致科学研究越来越专业化；另一方面，学科之间相互渗透交叉，这种跨学科的发展趋势，势必引起科研人员和管理人员知识结构的改变，使之对相关学科信息产生需求，进而扩大其所需信息的学科范围。在信息搜集过程中，既要从整体把握学科发展脉络，又要密切注意其新兴的分支领域的发展动向，做到信息搜集的准确性和超前性。

2. 及时性

定题服务的一个重要目的就是能够快速地为用户提供最新、最准确的信息服务，这就要求数字图书馆系统能够及时搜集各种形式存在的最新信息。

3. 全面性

在信息搜集过程中，不仅要搜集本馆所藏信息资源，还要检索各种网络数据库，或通过共享检索其他图书馆中的信息资源，因为丰富的资源是开展定题服务的基础。

四、数字图书馆中定题信息服务的实现

数字图书馆中定题信息服务的实现过程可表示为：用户给出信息需求→数字图书馆在线服务部→确定检索词→搜寻相关网页→确定并进入相关网页→下载相关信息资源存于本站点→形成用户所需信息资源→以一定的语言、格式将这些资源进行有序化整理，编辑成一个或多个方案→传给用户。

这个信息资源服务过程是对纷繁复杂的网上信息（也包括一部分尚未上网的网外信息）进行分析、筛选，找出其中的有用知识，再对这些知识进行智能重组的过程。

以上是数字图书馆为特定用户提供定题服务的一般过程，作为一个服务项目，还须注意以下问题：

1. 定题服务用户的选定

即使有现代网络环境的支持，馆员不可能也没必要对每个用户都提供定题信息服务，而应根据其服务宗旨，有目的地选择有价值的用户群。为了正确制订检索策略，需要了解用户的职业、研究领域、信息需求等情况。

2. 课题的选择

选题恰当是保证定题信息服务成功的关键，走好这一步，必须做深入细致的调查研究，掌握课题的价值。如高校图书馆可对全校的科研课题做

一个深入细致的调查，了解哪些具有攻关性，哪些关系到领导决策，哪些是需要提供定题服务的。

3. 建立用户提问档，分析所获信息

利用网络通信技术，对所获信息，尤其是用户的信息需求建立用户提问档，包括用户账号、姓名等个人资料，提问词及提问词构成的布尔逻辑表达式，等等，以便进行存储、分类和检索。对用户的相关信息，如要求提供服务的形式（如文摘、索引）、喜欢的网上站点、经常使用的数据库等进行搜集、分析，制订合理的检索策略。

4. 注意反馈信息的收集

定题服务不仅需要搜集相关资源，利用网络通信技术，及时提供符合用户需求的网上信息资源，使用提问档得到检索结果，传递给用户。同时还要通过网络收集用户反馈信息，主要包括用户提问档的更改意见以及其他建议等。并且利用存储过的提问档对更新后的信息资源进行检索、分析，再把检索结果传递给用户，实现信息跟踪服务，不断满足用户需求。

第五节　数字图书馆的个性化信息服务

一、数字图书馆个性化信息服务的内涵

所谓个性化信息服务，就是根据用户的知识结构、信息需求、行为方式和心理倾向等有的放矢地为具体用户创造符合个性需求的信息服务环境，为其提供定向化的预定信息与服务，并帮助用户建立个人信息系统。

数字图书馆的个性化信息服务是以网络为依托，以用户为中心，围绕用户的兴趣、爱好、习性、专长等个性需求而开展的动态的特定信息服务活动。

个性化信息服务的根本就是要以用户为中心，尊重用户，研究用户的

行为和习惯，为用户选择更切合的资源。它具有两个目的：一是用户根据自身的兴趣、爱好和需求定制自己所需要的信息和服务；二是信息提供者针对用户的个性和特点主动为用户选择并传递最重要的信息和服务，并根据需求变化，动态地改变所提供的信息资源。

数字图书馆的个性化信息服务应包括三个方面的内涵：其一，个性化信息服务的基础是读者总能很容易地登录与自己需求相近的所有数字图书馆系列，即数字图书馆馆藏的个性化；其二，读者可以根据自己的习惯、兴趣、爱好和信息利用任务，制订个性化的界面，完整、准确、便捷地获取自己所需的信息资源和服务；其三，数字图书馆（包括其工作人员）针对读者的个性和特点，主动地为读者选择并传递重要的资源和服务，并根据读者的需求变化动态地更新信息服务。个性化信息服务的宗旨就是尊重读者的需求和选择，体现读者之间的区别，并据此提供不同的信息服务。

二、个性化信息服务的基本要素

个性化信息服务的基本要素包括个性化信息服务中的具体应用、用户建模、信息过滤和信息分流、系统的体系结构及用户模型的评价标准等。

（一）具体应用

个性化用户的具体应用从广义层面上来说，可以分为两类：对情报信息资源的个性化入口和过滤与排序。

1. 个性化入口

个性化入口就是对用户提供网络或信息系统的个性化。主要应用于个性化网站，如著名的搜索引擎 Yahoo（美国雅虎公司）的个性化定制 My Yahoo（类似一份智能化的电子报纸）。它允许用户用简单的词或主题词列表来指定自己的科研项目或感兴趣的主题。个性化入口在电子商务领域是十分普遍的。另外，流行的浏览器，如微软的 IE 和 Google（谷歌）等都允许以一种个性化的方式组织书签。

2.过滤和排序

过滤和排序是个性化信息服务活动中研究的重点。其内涵是指对信息文档根据用户概貌进行相关度量的排序，过滤掉相关度量少的文档信息。过滤和排序是一个提高返回信息与用户需求信息相匹配的精确度量的过程。

(二) 用户建模

用户建模的目的是识别用户的信念、目标和计划以提供个性化的服务。第一步，识别当前用户，即如何获取用户的个性化信息反馈，一般有两条渠道：隐性的用户信息反馈和显性的用户信息反馈。前者是由系统自动记录用户的访问路径、用户在某一页面的停留时间、文档的长度等信息，形成日志文件，通过分析该日志文件总结用户的需求特征。后者需要用户的直接参与，由用户提供一些信息来评价当前的文档页面或给出一定的建议。一般而言，将两种方法结合应用将会取得良好的效果。第二步，给系统加载当前用户的用户模型，如果不存在这样的模型，就按照缺省方式新建一个用户模型。第三步，在用户与系统交互的基础上更新模型，形成更有助于当前用户使用的个性化系统。

(三) 信息过滤

每个用户都有自己特定的、长期起作用的信息需求。用这些信息需求组成过滤条件对资源流进行过滤，就可以把资源流中符合需求的内容提取出来，这种方法叫作信息过滤。信息过滤有以下几个层次：一是对一个资源流中的资源，用有限个分类标注符号进行标注，用户的信息需求就体现为有限个分类标注符号的一个子集。这样，过滤的动作就是纯机械的动作，不需要任何智能就可以完成。二是允许用户以不限定范围的关键词语来描述信息需求，以用户选定的关键词语在资源流中进行匹配检索，不符合要求的内容被过滤掉。三是不需要用户做任何事情来描述自己的信息需求。用户的信息需求是系统根据用户访问资源的历史记录自动分析出来的。

(四) 信息分流

如果用户的规模和信息资源的规模都非常大，那么分别对每个用户实施信息过滤势必在效率上造成非常大的浪费。原因很简单：不同用户在需求上有交叉和重叠，对各个用户需求的判断也相应地有过程上的交叉。如果把不同的信息需求组成一个方便共享的结构，在实施信息过滤时予以统一的优化调度，就会达到比分别过滤高得多的效率，这种方法叫作信息分流。信息分流在数据结构和算法上都需要精巧的处理。对特定的用户群来说，最理想的结果是平均分流时间最短。相应的判定机制是某种形式的多叉哈夫曼树。

（五）体系结构

体系结构研究的重要问题就是用户建模放在什么位置，是系统的服务器上，还是客户计算机上，或是处于两者之间的代理服务器上。这与上述的信息分流有关，如果要进行信息分流，一般要将用户模型放在服务器上，否则进行信息分流就比较困难。

（六）用户模型的评价标准

一个用户模型的基本评价标准包括：

（1）粒度

分为两种：一是每一个用户一个模型；二是一些用户共用一个模型，即类用户模型。

（2）修改能力

用户模型可以是静态的或动态的，一个静态模型在与用户的交互过程中不发生改变，而动态模型一旦学习到新的信息就及时修改。静态模型可以被预先嵌入到一个系统中，或者在系统的初始会话阶段由用户建立。动态模型在整个交互过程中即时获取或修改。

（3）时效性

用户模型可以是短期的或长期的。短期模型建立在当前交互过程中，当前交互过程结束后，可以被放弃。长期模型可以从一个交互过程保持到另一个交互过程中。

（4）模型的数量

指单模型系统和多模型系统。单模型系统是指一个用户只有一个模型。

多模型系统是指一个用户可以有多个模型。

三、数字图书馆的个性化信息服务

数字图书馆的个性化信息服务可以从如下几个方面体现：

（一）个性化的界面设置

个性化的界面设置主要包括个性化网页外观定制、栏目布局和内容模块的选择等。网页外观定制主要是定制网页和主题的颜色、网页字体、问候语和网页刷新频率等；栏目布局是确定所选栏目在个性化网页上的布局方式和排列顺序，可选择按两列或三列方式布局，可设定栏目的上下左右位置和顺序；内容模块的选择主要是对各项信息和服务模块的具体内容进行定制。

（二）个性化信息环境

传统图书馆对不同层次、专业、地域的用户只能提供统一的、适合所有用户的资源和服务，而数字图书馆的个性化信息服务机制就是要求数字图书馆根据用户的特性和需求为之"量身定做"所需的资源和服务，为特定用户和特定任务提供有针对性的资源和服务。

要真正实现个性化信息服务，数字图书馆就必须站在信息提供者的角度，为用户主动创建一种个性化的信息环境。所谓个性化信息环境，是指在数字图书馆环境下，读者可借助数字图书馆提供的一套工具和机制来构建自己的个人馆藏，从而满足特定读者和特定任务的需求，同时提高检索效率。

在数字图书馆个性化信息环境下，读者向某个数字图书馆申请一个账号，读者登录到个性化界面后，可以提交自己的多个检索策略，形成自己的描述文件，数字图书馆会通过一套软件或工具将资源库中满足需求的信息资源创建成特定用户的个人馆藏，并定期检索更新信息资源，将检索到的信息自动分配到发出请求的个性化信息环境中。

（三）个性化的信息快报

个性化的信息快报就是数字图书馆按用户提供的检索条件将资源库中的最新信息及时通知用户的一种服务。

数字图书馆的个性化信息快报服务能为用户自定义检索提供方便。因为在检索过程中，不同的用户有检索习惯和检索技能的差别，他们可能用不同的词汇来表达同一专业概念，对检索结果的选取原则和排序方法也可能不同，这些都是用户个性化的具体表现。因此，个性化的信息快报服务在接收用户档案文件时，应充分支持用户在检索策略、检索方法和检索结果处理方面的个性化。

四、数字图书馆个性化信息服务的实现方式

（一）数字图书馆个性化信息服务的技术基础

由于数字图书馆信息服务的特点和个性化信息服务的特殊性，决定了我们在开展数字图书馆的个性化信息服务过程中必须具备相应的技术基础，建立起相应的技术支持系统。在构筑个性化信息服务技术基础的过程中必须正确处理好以下几个问题：

1.信息分类问题

分类问题涉及两个方面：一是系统内部对信息的分类。数据库中存储的大量信息必然需要一种分类，以便于信息的管理和查询。这里可以采取一些目前网上比较流行的分类方式。例如，Yahoo、Excite 等，它们所采取的分类方式比较类似于图书管理中的分类方法，涉及面比较广，通用性比较强。二是用户的个性化分类。每个用户对信息所属类型的理解不同，导致他们需要的信息分类方式也不尽相同。因此，数字图书馆信息服务系统提供给用户的应该是一种可以由用户自己决定的分类。

2.信息搜索问题

关于信息搜索，目前主要有两种方法：一种比较简单的方法，是按照

现有的搜索引擎中常用的，也是比较传统的方法，即根据原始资料提供者向搜索引擎等大的信息服务商提交的索引信息来获取该信息的链接。这种方法比较适用于大型的信息服务商。但是它所提供的查询方式有限，对需求的满足精度不高，对智能化查询的满足程度相对较低。另一种方法是使用智能代理技术搜索所需信息。目前的主要浏览器和信息检索工具一般都还没有智能搜索功能。

3. 安全与隐私保护问题

安全包括用户使用安全和系统管理安全。前者主要包括用户授权和身份认证管理，以保证只有合法的用户才能进入系统，而且用户的账号不被泄露和盗用。后者包括数据库安全管理、数据加密等，以确保用户个人信息安全。隐私保护需要制定完善的隐私保护政策，提供设定用户隐私公开程度的工具和运用保证隐私不外泄的保护技术。

（二）数字图书馆个性化信息服务的模式

目前所提供的个性化信息服务主要是通过个人定制或系统预测的方法来实现。个人定制是指用户可以按照自己的目的和需求在特定的系统功能和服务形式中，自己设定信息的来源方式、表现形式，选取特定的系统服务功能。系统预测是通过对用户提交的访问习惯、栏目偏好等信息进行分析，自动组合出对用户有用的最新资料并发送给用户。

1. 电子邮件服务模式

通过电子邮件来开展个性化信息服务有许多独特的优势。一是操作简单，可以通过电子邮件获取信息，不用掌握复杂的计算机知识和检索技巧。二是可以实现定时发送，能够按照用户指定的时间和优先级别来发送邮件。三是可以实现电子邮件的群发功能，同时对全部用户或部分用户发送指定的邮件。四是电子邮件下载完毕后，就可以脱机浏览，从而节省大量通信时间和费用。

2. 即时呼叫服务模式

即时呼叫服务模式是一种专门供点对点信息传递的个性化服务系统。

这是一种集电话、传真机、计算机等通信办公设备于一体的交互式业务系统。用户可以通过电话接入、传真接入、拨号接入和访问站点等多种方式进入系统，在系统提供的帮助下访问系统的数据库，获取各种信息或完成相应的事务处理。

3.页面定制服务模式

在网络世界里，信息的基本单位是页，通过页面设置链接，点击链接，即可搜索感兴趣的页面。页面服务模式又可以分为静态页面服务模式和动态页面服务模式。静态页面是网络信息的基本组织形式，系统将信息用HTML语言进行组织，以一个或多个固定的页面提供信息。动态页面则是用户通过选择一定的条件提交给网络服务器，网络服务器依据提交的条件，从数据库中选择符合要求的页面提供给用户。随着信息技术和数据库技术的日趋成熟，人们越来越趋向选用动态页面，因为它能提供更高的智能交互，减少服务费用和时间。

4.信息推送服务模式

该模式目前主要分为两大类：一类是借助电子信箱，并依赖人工参与的信息推送服务模式。另一类是由智能软件完成的自动化信息推送服务模式。应用信息推送技术建立网络传播站，通过智能化的代理服务器从海量信息中不断分拣出用户所需要的信息。

第六节　数字图书馆用户培训

数字图书馆对用户的整体素质提出了更高的要求，从而使图书馆的用户发生了变化。新的用户环境对数字图书馆建设提出了新的要求，即在对用户情况及用户需求调研的基础上定期开展用户教育和培训，向他们介绍新信息技术，传授信息获取的途径和方法，逐步改变用户获取、利用信息的传统习惯，帮助用户更好地利用数字图书馆。

一、数字图书馆用户培训的原则

众所周知，用户培训的目的不在于把用户训练成能够专门从事信息传递中介的图书情报工作人员，而是为使他们能够积极地利用信息，能够正确地表述自己的情报需求。不要求他们全面掌握图书馆学、目录学、情报学理论，而只是要求他们具有获取与利用他们所需要信息的能力。用户接受培训，并非希望将来以此为职业，而是为了能有利于满足自己的信息需求，即"学"是为了"用"。符合这一目的的培训，用户才乐于接受。

（一）针对性原则

用户是一定社会条件下形成的用户，在不同的社会环境影响下，用户会形成不同程度的信息意识和利用信息的能力。这些影响因素包括国别、地区、城乡、行业、种族、家庭条件等多方面。用户培训的目的不是改变用户的基本社会条件，而是尊重历史和现实，顺应客观环境，从用户实际接受能力出发，针对用户具体情况予以相应的教育和引导。

（二）循序渐进原则

用户培训的目标是让用户能够主动、熟练地利用文献与情报，这是一个伴随知识和信息需求的不断增长才能逐步深化的渐进过程。只有具有前期奠定的深刻感性认识基础，才能有中期的知识与技能提高，也才能有后期的自如运用。对用户培训来说，循序渐进意味着要对不同用户，按其年龄、知识水平、需求程度等分阶段地培训，要有针对性，使其从感性认识上升到理性认识。

（三）适用性原则

对用户进行培训实质是把能满足对知识需求的方法或技能交给用户自己去做，使用户感到自我满足，即由被动满足变成主动满足。这种满足必须以一定的需求为前提和动力，驱使自己做出这方面的行为，从而实现愿望，然后再产生进一步的需求，再接受培训，再实现自我满足。这里，一定的情报需求是关键，对用户的培训只有在适应一定的信息需求后，才能取得较好的效果。

（四）效益性原则

数字图书馆用户培训要讲究效益，而且要以社会效益为主，经济效益为辅；要以短期效益为主，长期效益为辅。让用户在不断满足自己信息需求的过程中，培养自己的信息素质。

（五）超前性原则

数字图书馆用户培训对用户来讲是先学而后用的问题，对培训工作来讲是帮助用户解决日后在信息检索中遇到的问题。因此，在不失效益原则的前提下，在培训内容的选择上，不要仅仅停留在经验性和事实性的传授上，还要适度选取预见性的内容；在培训对象的选择上，不要仅仅是培训现实用户，还要注重潜在用户的培训，让更多的潜在用户转变为现实用户。

二、数字图书馆用户培训的方法

数字图书馆是一种新生事物。如何使其被充分了解并得到广泛应用是数字图书馆能否健康发展的关键。进行数字图书馆用户培训，一方面要使用户正确使用它；另一方面，要让更多的人了解它，即把潜在用户转变为现实用户。下面介绍几种有效的培训方法：

（一）当面辅导培训法

这是指数字图书馆工作人员在接受用户提出的询问时，结合当时情况，当面给用户讲解有关的知识和使用方法、技巧，举一反三，让用户得到服务和信息的同时，也掌握了一定的使用方法。这种结合实际的用户培训方法简单易行，行之有效。它既不需要专门的培训组织，又不需要很多的培训人员和设施；它既可以个别辅导，又可以集体辅导；既是对当前情况的辅导，解决当前问题，又是对将来的指导，让用户避免将来遇到同样的问题。当然，这种方法对数字图书馆工作人员的责任心、业务素质、职业道德等方面有很高的要求。

（二）书面辅导培训法

这种方法是指有关部门把事先准备好的书面材料分发给用户。用户通过自学得以对数字图书馆全面了解。这种方法对有一定自学能力和信息活动体验的现实用户是有效的。

（三）办班集中培训法

这种方法是根据用户的不同类型，分别举办专门的短期学习班、讲习班、研讨班、训练班、强化班等各种形式的培训班，让用户在短时间内掌握数字图书馆的使用方法，并能够通过利用数字图书馆提高自己的业务工作。这是用户培训活动中常常使用的方法，这种方法的主要优点是能够在短期内有效地培训更多的用户。

（四）用户交流培训法

与前几种方法不同，这种方法的培训者和培训对象都是用户，通过用户间的交流，相互学习、相互帮助，达到对数字图书馆的全面认识。如组织用户经验交流会、报告会、用户协会、用户联谊会、有奖竞赛等，都可以成为用户交流培训的具体形式。这种方法的优点是培训形式灵活多样，往往会收到意想不到的效果。

（五）媒介培训法

这种方法是通过运用某种媒介向用户进行宣传教育。如电视讲座、广播讲座以及融教育性与艺术性于一体的公益广告等。媒介培训法因其受众面广，对某方面知识的普及提高有很强的功效。

（六）参观培训法

参观培训法是指有关机构根据用户培训的教学要求组织用户到数字图书馆的现场观察其内部结构和运行机制，以获取相关知识的一种方法。该方法的优点在于：首先，能提高知识信息的传递速度。通过实地参观，能获得正确、鲜明、切实的感性知识。其次，用户可以了解到最新的进展情况。现场参观比使用教材更能够紧跟发展动态，它可以避免教材的滞后性。

（七）网上实时帮助

用户在使用数字图书馆查阅资料时，根据用户的信息需求内容，实时帮助用户分析出最佳检索词，构建最佳检索表达式，久而久之，培养出用户独立检索的能力。这种方法易于被用户接受，在帮助用户解决实际问题的同时，也对用户进行了培训。

第六章　数字图书馆推广工程

发挥数字图书馆的最大效益，应该以开放、融合、创新的理念，连接全国各级各类数字图书馆，实现信息的双向互通和资源的共建共享，构建覆盖全国的数字图书馆服务体系，形成基于新媒体的图书馆服务新业态。数字图书馆推广工程将承担这一重要任务。

第一节　数字图书馆的概念模型

一、用户界面

分析数字化图书馆的资源可知，其最终是要面向客户并为其所用的，所以务必要提供一个友好的、优质的用户界面。如此能够为用户的访问操作提供极大便利，因此用户界面开发工作一直是重中之重。近些年来先后推出了多款便捷好用的信息检索工具，在制作此类工具时引入了用户友好界面的相关技术，向用户奉上了具有跨平台、跨语种特点的、可供统一检索操作的用户界面。此类界面容易理解，也容易操作，因而备受好评。

二、网络和通信系统

对于数字化图书馆而言，网络和通信系统是极为关键的，是其建立和运行的基础。基于宏观视角看，该种图书馆属于一种整体化建设，一方面要在组织内部铺设一定的区域网络，另一方面也离不开国家乃至国际网络系统的支持。日益成熟的互联网为数字化图书馆的发展提供了必要的网络环境。特别是当前世界各国发展的宽带网是数字图书馆真正要求的运行环境。

三、信息资源和检索、发布系统

站在读者视角看，其主要目的表现在用最短时间搜索和下载到所需资料。数字化图书馆投入正式运营之后，其拥有的资源主要有三种：第一类是本馆持有的各种数字化信息资源；第二类是传统的印刷型资料；第三类是其他数字化图书馆等机构保有的资源。基于长远视角看，还需和国家级的"知识银行"等建立良好的合作关系，通过共享方式夯实自身实力。另外，在数据库这一块，可利用各种先进的智能软件予以相应的检索、发布。

四、数字化图书馆的咨询系统

分析数字化图书馆的咨询系统可知，其中通常由两部分构成，一个是自我服务系统，另一个是请求帮助系统。前者可以在用户界面上清晰提供读者指南，发挥出自动指引的作用。就现状来看，大部分电子信息中心已经建成了配套的自我服务系统。在请求帮助系统建设这一块，数字化图书馆需要和不同领域的信息专家建立合作关系，由其承担用户的咨询工作。已有一些数字化图书馆在请求帮助系统建设这一块走在了前列，能够通过该系统及时解答用户的各种问题；另外系统专家还可以对此类活动予以实时监控，了解信息专家处理问题的进度和效果。

第二节　构建数字图书馆工程

一、数字图书馆推广工程的建设内容

推广国家数字图书馆工程的理念、技术、标准，搭建覆盖全国图书馆的数字图书馆虚拟网，建设分级分布式数字资源库群，借助手机、数字电视、移动电视等新兴媒体，以互联网、移动通信网、广电网为通道，为政府立法决策、教育科研、公民终身学习等提供多层次、多样化、专业化、个性化的数字图书馆服务，打造基于新媒体的图书馆服务新业态。

二、数字图书馆推广工程的总体架构

数字图书馆推广工程的总体框架主要包括基础设施、分布式库群、业务支撑和运行支撑、服务应用、统一认证以及配套的保障体系。

（一）基础设施

基础设施主要由网络通信系统、存储、计算机服务器等组成，它是连接数字图书馆虚拟网的必备条件，也是实现全国各级数字图书馆实现互联互通的基础和前提。

（二）分布式库群

分布式库群是依托各级图书馆的丰富馆藏和数字资源建设成果，建设的分级、分布、海量公共文化资源库群，它是实现数字资源共建共享的资源基础，将丰富面向各类用户不同需求的信息资源内容。

（三）运行支撑

运行支撑则通过建立数据登记、运行管理、任务管理、虚拟网管理等系统，实现各级数字图书馆之间的资源访问权限管理、数据互访、交换、共享和集成等功能。

（四）业务支撑

业务支撑是指在数字资源生命周期全过程管理理念下的数字资源建设、组织、保存等核心业务系统。将这些核心业务系统在各级图书馆分布式部署使用，形成全国范围内分级分布的资源建设、加工、存储调度体系。

（五）服务应用

服务应用将实现资源之间无缝互连，建立贴近用户习惯的统一检索系统，并通过知识组织技术，建立知识之间的关联，从而形成知识网络，并全面整合图书馆的参考咨询、馆际互借、文献传递、联合目录等资源，使其在数字图书馆推广工程的服务系统中充分发挥作用。

（六）保障体系

配套的保障体系主要包括标准规范体系、评价体系以及培训机制。通过定义数据标准、技术标准、各种运行机制，保证各级数字图书馆数据共建共享的一致性、规范性和互操作性。

数字图书馆建设是一个系统性的工程，即使对传统图书馆的融合、扩展，也是创新。数字图书馆推广工程将以开放、融合、创新的理念构建覆盖全国、互联互通、共建共享的数字图书馆服务体系，形成基于新媒体的图书馆服务新业态。

三、数字图书馆的三种主流模式

历经多年发展之后，相关技术日趋成熟，为数字图书馆的建设和实际运营奠定了坚实的技术基础，催生了一大批颇具潜能的数字图书馆，主要涵盖三种类型：

（一）特种馆藏型模式

对本馆的珍藏、特种馆藏等各种资料予以数字化处理，并上传网络，满足共享需要。

（二）服务主导型模式

此类服务模式所包含的资源通常由三大部分共同构成：第一，自身持有各种经过数字化处理之后的特种馆藏；第二，具有商业用途的网上数据库；第三，为互联网拥有的、具备一定价值的各种文献信息资源，经由统一界面呈现给用户。

（三）商用文献型模式

部分文献服务机构投资筹建的一种具有商用特点的数字图书馆，能够向用户提供全篇幅的期刊、杂志以及电子图书等，通常情况下，不仅提供了索引数据库，同时还设置有全文的对象数据库。

第七章　数字图书馆的读者推广与利用

第一节　数字图书馆阅读推广模式

现代社会个体获取知识的最重要途径就是阅读，通过阅读能够将社会知识逐步转化为个人知识。传统社会中，图书馆是保存人类在各个领域社会知识的主要集散地，也是个体阅读的重要空间场所。很大意义上来说，图书馆的出现和建设是以推动人类阅读为目的的，而人类阅读也正是在图书馆这个空间中得到了极大的拓展和丰富。

数字化时代的发展已经颠覆了现代社会知识的传播方式载体，也改变了人们的阅读行为。人们在当今时代的阅读对象、规模、方式和结构等都出现了巨大的变化，全媒体阅读、碎片化阅读等全新的阅读潮流和方式已经在人类社会逐渐普及。阅读体验成为现代人获取知识的重要影响因素。图书馆也开始在数字化时代进行转型，一方面以传统方式来保留人类的文化遗产，继续为社会个体提供传统阅读服务；另一方面，加大数字阅读领域的探索创新。图书馆在现代社会的移动阅读、网络阅读等领域仍然大有作为，图书馆通过和网络信息技术的融合能够为现代人提供更加丰富的阅读体验。

一、阅读推广理念

阅读推广从实质上来说就是传播活动，其遵循传播学的基本原理。图书馆在开展阅读推广中可以充分借鉴霍夫兰个人差异论、卢因守门人理论等传播学理论。拉斯韦尔在研究传播要素中总结归纳了五 W 模式理论，即 Who（谁）、Says What（说了什么）、In Which Channel（通过什么渠道）、To Whom（向谁说）以及 With What Effect（有什么效果）。图书馆在阅读推广中也可以充分借鉴运用五 W 模式来开展。

从传播学理论来看，阅读推广活动实际上就是根据不同的环境条件来对阅读对象、推广主体、媒介等不同要素进行组合配置的结果，通过不同要素的作用来实现扩大社会阅读量、提高信息传播速度、丰富公民精神生活等阅读目的。因此，可以按照传播学理论来将阅读推广要素归纳为如下问题：

（一）Who 的问题

这个问题就是回答谁来具体负责阅读推广，既可以是个人，也可以是社会组织，包括了政府部门、读书俱乐部、文学大家、民间团体等，本文研究的是图书馆的阅读推广，因此这个 Who 就应当是以图书馆为主，来论述阅读推广活动。

（二）To Whom 的问题

阅读推广的对象就是阅读者，这个问题主要解决图书馆希望通过阅读推广所影响到的目标群体问题。比如在校学生、普通百姓或者某些特定人群。虽然这些人群是图书馆推广阅读的客体，但他们本身却是阅读活动的主体，也是图书馆能够在社会存在的必要基础。特别是数字化时代的阅读让图书馆流失了大量的读者，这就需要通过阅读推广来确保图书馆保持一定的阅读者规模。

（三）Says What 的问题

这个问题主要是解决推广什么，即阅读的客体是什么。一般来说，文字图书等各类文献资料以及数字化媒体等都可以成为阅读对象，部分研究甚至将人本身也纳入到了阅读对象的范畴内。

（四）In Which Channel 的问题

推广媒介即利用何种手段来开展阅读推广，是推广的方案、媒介和平台等。比如通过读者分享会、新书发布会、书评书摘、电视节目等来推广图书，还可以利用抖音短视频、微信公众号等方式来对阅读活动进行推广。通过丰富阅读推广手段来实现阅读的更大范围覆盖。

（五）With What Effect 的问题

当前还没有能够构建阅读推广的效果评估体系，可以借助于传播学理论来创新对阅读推广的评价，通过构建评估模型来分析阅读推广中存在的薄弱环节并加以改进，从而确保各类阅读推广活动能够取得更好的效果。

传统图书馆能够利用图书会、征文比赛、主题展览、论坛讲座、读书日、捐书会、新书发布等不同方式来开展阅读推广活动，数字图书馆可以利用传媒学理论构建的模型来对这些推广方式进行优化改进。数字化时代虽然让阅读推广在形式手段上出现更复杂的要素，但仍然可以利用上述模型来对推广活动进行总结分析。

大众传播理论提出只有当推广活动形成较为完善的理论后，才能够推动其在实践中的进步提升，这同样适用于图书馆的阅读推广活动。

二、阅读推广模式及案例

（一）社会化媒体推广模式

社会化媒体通常是指微博、博客等基于社会性网络而构建的 web2.0 应用。很多图书馆在数字化时代的阅读推广中也越来越重视对于社会性网络的运用。下面以首都图书馆为例，来探究其利用微博来推动社会化媒体阅读推广的具体过程。

首都图书馆在推动分享阅读中提出了"图书交换大集"活动，并在线下图书交换中取得了较好成效。2011 年 4 月，首都图书馆将这一分享阅读项目移植到微博平台上，通过新浪微博在网上发起图书交换活动。很多活动参与者可以通过新浪微博平台和首都图书馆进行互动，及时将交换图书的有关影响资料等进行发布上传，根据统计，首都图书馆此次活动共计在新浪微博发布 238 条信息，而正是在图书交换大集活动的推动下，首图的微博粉丝数量从不到 1000 人迅速突破了 2 万人。

首都图书馆在利用新浪微博开展推广活动的同时，还和同城网、豆瓣网等进行合作来加大对于图书交换大集活动的推广。2011 年 4 月 22 日，就有 350 多名读者参与到首图此次活动中，累计交换 3000 多册书籍。

4 月 23 日，首图共计收到 6000 多册交换图书，超过了 1000 名读者参与了图书交换活动，人民日报等主流媒体对于首图的这次推广活动进行了深度报道，整个阅读推广活动超出了预期效果。

从首都图书馆这次开展的图书交换活动来看，其充分利用了新浪微博这一社会化媒体。首图的推广案例就是通过新浪微博面向广大市民，通过图书交换来推动不同读者的交流，让更多市民能够接触阅读到更多不同类型的书籍。该案例中，推广主体就是首都图书馆的工作人员，客体则是微博网民，媒介平台是新浪微博，通过这些要素的合作来为读者提供了很好的阅读咨询和服务，在社会收到了很好的阅读示范效果。

微博近年来已经逐步渗透到国内各个行业领域，国内各大图书馆也开始纷纷在微博开设账号，如清华大学、国家图书馆等，很多民间图书馆也开始利用微博平台来吸引读者。

以杭州图书馆为例，该图书馆在 2010 年 12 月开通新浪微博账号，截止到次年 8 月底，杭州图书馆官微就已经有近万名粉丝，在新浪微博发布 3356 条信息，这些信息大部分都是面向读者来推送图书、讲座、论坛、书展等信息，为读者提供读书资讯服务。同时很多图书馆的馆长也在微博平台开设个人账号，利用学术影响力推广阅读。比如复旦大学葛剑雄教授就在新浪微博开通了个人账号，在最初一年多的时间里，葛教授在新浪微博发布 800 多条信息，收获了超过 10 万名粉丝，从而让葛剑雄教授的微博账户成为重要的信息发布平台，读者也能够借助于微博来和图书馆进行互动交流，从而充分利用微博这个新媒体增强社会对于图书馆价值的认可。

目前来看，图书馆利用社会化媒体来进行阅读推广还处于发展探索中，并没有形成固化的模式，除了选择微博进行推广外，还有很多图书馆利用豆瓣、优酷等来进行阅读推广，但效果都没有微博平台好。但是图书馆采用的社会化媒体推广活动已经赢得了众多年轻读者的喜爱，未来值得在阅读推广中进一步探索创新。

（二）电子阅读器借阅模式

数字阅读方式的不断创新让电子书成为现代人阅读的重要媒介，图书馆在阅读推广中就必然不能够忽视电子阅读器的作用，应当充分利用电子阅读器来扩大阅读活动范围。

上海图书馆早在 2009 年 2 月就已经面向读者开始提供电子阅读器外界服务，这在国内图书馆中是首次。上图为读者提供的电子阅读器能够阅读超过 10 万种 24 万册各类电子读物。

上图通过推出电子阅读器外借服务就能够推动图书馆文献图书的数字化进程，进一步推动了电子图书阅读潮流。

正如上海图书馆副馆长周德明所言，上图的电子阅读器能够让读者足不出户就能够享受到在线的图书借阅服务，利用图书馆为支撑来提供更多好书。

上图就是通过创新提供电子阅读器服务，帮助更多读者实现电子图书的借阅，读者可以利用电子阅读器获得更好的数字阅读体验并不断提高自身信息素养。电子阅读器外借服务的出现能够丰富读者的借阅模式，突破了传统纸质文献图书资料的借阅限制，为读者提供了更为丰富的阅读选择，在未来可以在国内图书馆进行推广。

关于外借电子阅读器业务，曾在图书馆界出现过一段时期的争论，然而截至当下，此业务已成为大部分图书馆的常规业务，且具备了普遍意义。

从美国《图书馆杂志》和《学校图书馆杂志》于 2010 年对电子书在图书馆的使用状况的调查分析结果可知，将近有 12% 的高校图书馆引入了电子阅读器设备，还有 26% 的高校图书馆正在逐渐引进。其所采用的阅读器主要以 Kindle、Sony、iPad、Nook 等为主。而在国内，除了上海图书馆之外，国家图书馆、暨南大学图书馆、广州图书馆等也相继推出电子阅读器的外借业务。

　　然而需要指出的是，此模式在实际践行过程中也遭受了不小的阻碍，比方说由于相关部门管理制度的制约，时常出现图书馆不能将电子阅读器作为信息资源来加以采购的情形，进而导致引入的电子阅读器数量较少，除此之外，还具有品牌和型号均供需严重失衡的情形。甚至还出现了损坏赔偿、版权限制等一系列问题。

　　截至当下，无论是外借电子阅读器的数量，还是种类，均实现了大幅度增加，使得电子书的获得也更易实现。电子阅读器借阅模式正在逐渐兴起，且服务质量也不断提升。

　　（三）移动图书馆推广模式

　　关于移动图书馆，其含义为凭借智能手机、Kindle、iPad 等各种移动终端设备来访问图书馆资源，实现查询与阅读等一种服务方式。相较于"电子阅读器借阅模式"，两者存在一定的差异，具体表现为：移动图书馆更为注重数字化内容的推介，诸如阅读器等类的移动设备仅仅为一种推广工具，而最重要的是负载的数字化内容。移动图书馆可以实现对不同平台的有效整合，突破载体的桎梏，为所有用户提供各自所需的资源，真正实现全方位、全领域、全时段的阅读。所以站在这个角度来说，移动图书馆服务必将成为今后数字图书馆业务的重要构成，必将在图书馆领域中发挥无可取代的作用。

　　2011 年 7 月，西安交通大学移动图书馆正式面世，交大师生能够凭借不同的移动设备，诸如手机、iPad 等，来访问图书馆网页，查询、浏览、阅读及获取图书馆中所需的资源与服务，具体涵盖以下方面：个人借阅信息查询、在线资源信息查阅、文献阅读、短信提醒等。

凭借移动图书馆，能够十分便捷地对数字图书馆中的所有图书、CNKI期刊等进行检索与阅读。对西安交大图书馆实施移动图书馆的做法进行深入调查可知，在校师生均一致表示，"通过手机上来检索与阅读文献资料十分便捷，其最好的两个功能为书目推荐与电子书阅读"；"移动图书馆的诞生，意义非凡，作用巨大，在平时的碎片时间即可阅读，能够有效充实自己。"而对移动阅读功能进行充分体验之后，读者们也提出了很多较好的建议，诸如希望可以开通阅读后的评价、推荐与交流等功能，并开通导读与图书分类功能。

从某种程度上来说，西安交大的移动图书馆可谓移动图书馆的最新实践，同时也是最成功的实践。在此案例中，以西安交大图书馆为载体，以移动服务平台为推广媒介，以交大的师生为阅读者与体验用户，尽可能推广数字阅读。

随着时间的推移，国内愈来愈多的图书馆也相继推出了移动图书馆服务，比较具有代表性的有：清华大学的移动图书馆、国家图书馆的"掌上国图"等。在这里需要特别强调的是，当下移动图书馆在功能、性能、稳定性、设备及用户体验等诸多方面，和之前所推出的同名服务存在较大差异。传统的移动图书馆主要是凭借短信平台，来向读者推送信息，内容较为简单，用户体验较差，而当下的移动图书馆无论是在手持设备的检索方面，还是在查看图书馆中的各类数字化资源方面，可以说真正实现了移动阅读。但可以确定的是，当下的移动图书馆，还存在很大改进空间，比方说和不同网络应用的双向融合，和Web2.0的交互式功能及用户内容创建等方面，均需要采取相应的应对措施。

关于移动阅读，存在部分只以盈利为目的供应商很早就开始关注，甚至采取了一定的措施，比方说亚马逊网上书店、"Google Books"、新浪"读书"和各类阅读频道及Apps等，各种商务模式如雨后春笋般涌现。从某种程度上来说，图书馆可谓确保公平获取知识、提供均等服务的公益性机构，和电子服务并不存在严重的利益冲突，因此可积极开展和信息内容提供商的合作。

以上三种推广模式，尽管在推广媒介、阅读群体及推广方式等方面均存在一定的差异，然而最终的推广目标可谓趋于一致，即均是确保所有文献资源能够得到有效利用，扩大受众群体，从而最大化地发挥信息资源的作用。

相较于传统阅读，数字阅读无论是在途径、方式等方面，还是在特征与规模等方面，均存在较大差异，且推广方式也应发生了巨大改变。其中最大的不同之处在于载体和内容的分离，进而导致各种阅读介质之间表现出非常复杂的竞争关系，即使是同一内容，可凭借不同的形式，通过不同的媒介，经由不同的渠道来进行传递。图书馆不得将重点放在先应付载体和媒介上，应积极筛选与整合读者实际需求的资源，只有这样才能在满足用户需求的同时，积极推动数字阅读的发展。从以上阅读推广的例子能够获悉，信息内容与载体存在较为复杂的关系。

随着数字阅读领域技术的不断普及，愈来愈多的阅读推广模式逐渐涌现出来。而图书馆能否像之前一样，继续扮演好知识中介与看门人的角色，这主要取决于图书馆的阅读推广工作能否汲取足够的经验，从而不断改进与完善图书馆服务。凯文·凯利曾提出，在数字时代下，图书并未消失，仅仅是换了一种方式而已。问题的核心在于到底应该如何定义图书。图书作为阅读载体，一直以来都可谓是人类理性的固化成果与智慧结晶的载体，其根本是内容。所以，在数字时代下，并非意味着阅读末日的到来，反而可以说是阅读重获新生的际遇。要想积极推广数字时代图书馆大背景下的阅读模式，前提要打造一双飞翔的翅膀，使读者能够不受约束地在阅读的天空中自由翱翔。

（四）基于网络读者活动的阅读推广模式

关于数字化阅读，可视为一种全新的绿色阅读形式，正慢慢改变着大众的阅读习惯。数字图书馆自身存在多种功能，资源也十分丰富，然而由于缺乏宣传和推广，导致大部分优秀的数字资源未得到有效利用，从而导致资源的极大浪费。所以，当下最主要的工作是积极做好数字图书馆的阅读推广工作，积极帮助所有读者来了解数字图书馆的功能、性质与作用，从而更方便、更自主、更充分地利用数字资源。

1. 网络读者活动的特点

关于网络读者活动，具体指的是凭借网络平台，把传统读者活动转移到网站上进行。相较于传统读者活动，网络阅读活动主要存在以下独有特征：信息传播速度快、受众面广、获取途径便捷等。

①覆盖面广：在传统的读者活动中，读者通常是凭借报纸、电视、广播等传统传媒途径媒体，来接收各种信息，此种方式的信息受众存在着显著的局限性，活动覆盖面通常仅仅局限于当地，无法形成大面积的辐射影响。而在网络环境下，以上问题则能够得到有效解决，读者仅需登录网站，就能够浏览到各种信息，且丝毫不受时空的制约。

②手段现代化：网络的出现打破了读者活动在时间、空间上的局限，网络读者活动的组织可借助网络视听设备、信息传输设备等现代化设备加以开展，仅仅凭借一个终端设备，用户即可不受时空的限制登录图书馆网站，获取活动信息，并基于个人喜好，来参加相应的活动。不仅如此，网络平台还为馆员和读者提供了更广阔的交流空间，馆员以数字图书馆为载体，借助邮箱、MSN、论坛等即可同时和多位读者进行在线沟通与交流。借助网络，读者足不出户，即可提交个人信息与活动反馈信息。

③形式多样化：网络环境下的读者活动形式十分多样。一切传统读者活动内容均能够在网上得以实现。比如说传统的征文比赛、书画比赛、讲座、报告会、调查问卷等。此外，还可充分借助互联网的优势，积极策划、组织网页设计比赛、知识竞赛、视频展播等活动，从而充分发挥网络在宣传阅读方面的优势，争取实现全民阅读。

④投入成本低：相较于传统读者活动，在成本方面，网络读者活动的成本更低。节省了报纸印刷与广播费、交通费、信函邮寄费、电话费等，极大地降低了活动成本。

2. 网络读者活动在数字图书馆阅读推广中的作用

①吸引读者利用数字图书馆资源：读者可凭借积极参与网络读者活动，来深入地了解数字图书馆的资源、开展方式与发展情况。以鞍山数字图书馆网站为例，其检索平台已得到读者的广泛利用，用户可凭借此平台，检索到馆藏所有文献。2012 年，在图书馆服务宣传期间，鞍山数字图书馆在网站上进行了"经典伴我成长"的图书漂流与电子图书推荐活动，参与读者发现，此次推荐活动除了常见的书籍外，还有很多内容新颖的电子期刊、图书、网上报告厅等数字资源，几乎所有的参与者明确表示：充分感受到"网络时代"已经到来，图书馆数字资源的利用率得到极大提升。综上所述，积极开展网上读书活动，可谓是向全社会宣传数字图书馆的有效举措。

②壮大读者队伍，提高图书馆的社会认知度：之前图书馆在开展传统读书活动时，经常会受到时空、年龄及经费等多种因素的制约，且活动对象有限，主要以在校师生为主，影响力有限。而在网上积极开展读书活动，不但能够有效解决以上问题，同时还能够充分发挥数字资源的价值。受众范围显著扩大，无论是社区居民、在职员工，还是学生，不同领域、不同层次的读者，均能够基于自己的实际情形，来参与网上阅读活动。还以鞍山数字图书馆为例，在 2011—2012 年期间，共举办各类网络读者活动达 32次，参与读者约 10000 人次，其中，参与读者的年龄主要集中在 20 ～ 45岁，占比超过了 60%，读者凭借活动，更加了解数字图书馆的功能、性质及内容，对后者形成了一个更为清醒的认识。通过借助网络来开展活动，极大地方便了更多的读者参加到图书馆读书活动中。鞍山数字图书馆在网站上开通了"鞍山市图书馆读者活动 QQ 群"，为读者与工作人员的沟通，开辟了一条解答、交流与沟通的途径，极大地推动了网络阅读的发展。

③有效宣传推广数字图书馆和数字资源：鞍山数字图书馆在 2012 年，凭借其数字图书馆网站，专门推出了"走进数字图书馆"的专题展览。此次展览共制作了 6 张数字展板，详细展示了何为数字阅读、数字图书馆、馆藏数字资源，并发布了 100 张数字资源体验卡，多数读者凭借展览更为

深入地知悉了数字图书馆，逐渐成为数字图书馆的忠实读者。一系列此类活动的举行，显著推动了数字阅读与数字图书馆的发展。

④提升广大馆员的服务意识和服务技能：随着网上阅读活动的愈发深入，对网络技术提出了更高的要求。随着活动的增多，读者的要求变得愈加细化，活动形式也发展得多样，进而对馆员要求变得更高。这就需要所有馆员务必尽可能提升业务水平，不间断充实新知识、新技能，从而为数字图书馆的建设和数字阅读的推广注入强劲动力。

3.组织策划网络读者活动，助力数字图书馆阅读

网络读者活动策划，即计划与安排图书馆网络读者活动。在策划过程中，务必要严格遵循以下原则：

①注重活动的宣传：要尤为重视网站的宣传阵地作用。以鞍山数字图书馆网站为例，其首页位置设置"鞍图资讯"与"读者活动专栏"等，并积极发布有关读者的活动信息，从而达到最大化的宣传效果。

②注重利用各种媒体：

网络邮箱：以鞍山数字图书馆为例，此馆不仅注册了网易邮箱，还开通了新浪邮箱，并在所有读者活动中，面向所有读者公开发布，积极鼓励读者以邮件的形式，来表达自己的建议，从而使读者和图书馆的沟通交流更为便捷，极大地提升了效率。

博客：博客的引入，能够有效拉近读者与图书馆之间的距离，使更多的读者可以零距离地和馆员互动。

微博：微博可谓一个蕴含庞大信息量的集散地，更新快、受众多且趋于年轻化、传播范围广等。

③活动设计要有亮点：此处的亮点可谓读者活动的灵魂。活动是否能够吸引读者，关键在于亮点是否突出。只有总结出一个确切的亮点，方可有效整合相关资源，最终实现既定目标。亮点通常指的是读者活动环节设计中最精彩的地方。还以鞍山数字图书馆为例，其在2012年举行了"知识总动员"有奖竞赛，为扩大活动效果与覆盖面，此次活动特别新增了家庭

参赛环节，极大地提升了活动效果。

④活动形式要创新：网络读者活动并非新生事物，所以关于网络读者活动的形式策划务必要新颖、有创意，方可引起更多的关注与参与。为满足以上要求，鞍山图书馆依托于自身网络资源优势，举行了"阅读，让我们的生活更美好"的主题征文活动、"我读书、我快乐"的知识竞赛、"知识风向标"的视频展播等一系列活动。此举将读者从传统枯燥的宣传活动中，引入到了丰富的网络世界，取得了良好的活动效果。

⑤活动信息发布要及时：关于活动信息的发布，通常涵盖以下层次：即活动前的宣传推介、活动中的信息跟踪、活动后的效果报道等。在这里需要指出的是：信息内容务必要简洁、主题突出，以博得外界关注。此外，还非常有必要及时更新读者活动信息，确保读者可及时了解感兴趣的活动，从而参与其中。而关于活动效果的报道务必要及时，当然对信息的表述方式，放宽了限制，可凭借新闻、活动图片、读者信息反馈等方式进行表述，以吸引更多的读者参加其中。

⑥馆员要做网络读者活动的促进者：馆员可谓图书馆所有业务工作的核心。要能准确掌握读者的需求，从而组织策划出更丰富、更精彩、更符合实际的读者活动，以吸引尽可能多的读者参加，为推动数字阅读活动发展提供充分保障。

现如今，图书馆的社会功能得到了更大程度的拓展，凭借网络开展读者活动，可以说是图书馆读者工作的全新渠道。尤其是在全球一体化背景下，图书馆的服务对象不单单是到馆读者，而是面向全社会，乃至全世界读者。只有认真倾听读者心声，虚心采纳读者建议，方可确保图书馆的读者活动取得卓越成效。

第二节　读者推广和利用教育的基本要素

随着现代信息技术的不断发展，图书馆的内容与形式也出现了显著变化。馆藏范围得到了进一步扩大，从传统的印刷资料、缩微资料、视听资料等，扩展到了各种电子出版物、电子信息资源。在先进网络技术的支撑下，图书馆能够连接到涵盖各种商业性电子文献传递（供应）中心、联机检索中心、电子杂志中心等在内的各级网络。以上外部信息资源尽管不属于本馆自身所拥有的资源，然而因为其可凭借网络连接向用户提供，所以站在这个角度来说，也将其视为馆藏的重要构成，也就是常说的"虚拟馆藏"。从某种程度上而言，数字图书馆可谓是"无墙的图书馆"。此外，还有更深层次、更重要的含义，那就是数字图书馆不再是传统意义上的图书馆，而是一个国家文明的标志，更是国家竞争力的充分体现。所以，当前首要工作是，对馆员进行培养，传授互联网技能，教会读者学会怎样利用数据库与网上信息资源，从而确保数字图书馆建设的稳步推进。

关于数字图书馆的推广与利用，存在诸多方式，以高校为例，可通过新增系统且完整的"数字图书馆推广与利用教育"等课程，来积极培养师生的信息素养。因为数字图书馆所面对的读者群体较为复杂，受到的限制较多。通常存在以下形式：一、可把数字图书馆利用教育的内容向读者进行直接呈现；二、凭借组织各种活动，来激发读者对学习与利用数字图书馆的兴趣，然后落到实处。关于数字图书馆读者推广与利用教育的要素，主要涵盖以下方面：读者、活动组织者、方式、内容等。

一、读者

相比于传统图书馆，数字化图书馆主要是利用网络等工具对各种文献材料等资源进行信息化，经过数字化处理、传输和控制而完成。关键在于对信息进行数字化处理，对信息进行网络化传递，采取数字化的方式来实现文献信息服务的功能。通常选择和使用数字图书馆的用户，也就是网络读者，主要以网络和数字化技术为前提。在当前的数字化信息时代，促使人们转变了以往获取知识的方法，如以往的读书看报转变为利用计算机网络来搜索需求知识信息；同时数字化的出现也逐渐地改变了人们的表达方式，如通过计算机网络能够更轻松便捷地表达观点和想法，向外界展示自己的思想；另外，数字化也逐渐地改变了人们的交际模式，在计算机网络快速普及的基础上，突破了时间、空间等方面的限制，人们能够更自由地进行交际和学习交流。

二、活动的组织者

如今的信息时代，尤其是知识经济的兴起，数字图书馆所承载的功能不单单是图书阅览，更是充分体现了信息资源的基本情况，成为了评价国家经济发展程度的关键因素，同时也代表了一个国家的综合实力。通常来讲，科技发展是决定国家经济实力的重要指标，而科技的快速发展是由信息资源的储备与应用所影响的。以微观角度进行考虑，随着现代化的不断进步，传统图书馆与互联网结合而产生了数字图书馆，借助于更先进的技术，为读者提供更优质的信息获取服务，有助于推动科学探究、技术研发、教育发展等方面。以宏观角度进行分析，积极地建设数字图书馆，将会为我国的政治、经济、文化等领域的发展提供动力条件，并能够在全球经济化发展趋势下进一步提升我国在国际上的核心竞争力，全面加强人民群众的精神文明建设，不断提升人民的科学文化素质，从而能够向全世界宣传和展现中国优秀的传统文化，有效引领相关产业的快速发展。建设数字图书馆不仅仅是单个部门的责任，更需要借助于全社会的资源和力量。

三、内容

在进行数字图书馆用户推广以及使用的培训活动设计时，需要包含以下几个方面的内容：对用户的信息素养进行提升，阐述数字图书馆的具体功能和应用环境，对图书馆所涉及的信息资源进行全面概括，如具体的类型、结构等方面，还需要将如何获取网络信息资源进行说明。

四、方式

面对数字图书馆用户的巨大差异，年龄、文化程度、社会背景等方面不同将会造成读者理解能力的差异，因此图书馆要投入更多的精力来展开针对性的培训教育，可以通过书面形式、网络形式等进行指导。

第三节　数字图书馆读者推广和利用教育的内容

在进一步推广数字图书馆以及怎样使用的过程中，对于读者来讲，教育培训的关键在于实施指导，通过相应的措施来促使读者能够有效地利用数字图书馆，激发这些用户的信息意识。主要包括培养读者的信息素养，以及了解数字图书馆的功能、环境，相关文献资料等信息资源的类别、结构，以及如何组织网络信息资源。

一、数字化图书馆环境中读者信息素养的培养

随着社会信息技术的快速发展，各个领域都涉及到信息技术的使用，而信息素养在此种情况下应运而生，成为信息社会中公民需要具备的素养，

而培养读者的信息素养，更是希望通过教育来提升读者的水平和能力，从而能够在工作与生活中进行有效的利用。在当下如果个体对信息技术不了解的话，显然无法适应信息社会的发展。从宏观来讲，国家的发展也不能脱离信息和技术。在现代化建设中，人民必须了解和掌握信息技术，作为基本的公民素养进行积极的锻炼与培养。而数字图书馆有着非常巨大的优势：借助数字图书馆广泛的信息资源、先进的技术设备，雄厚的人才资本等，能够全面提升读者的信息素养。培养的过程主要是利用教育来促使读者提升信息获取、利用与开发等方面的能力和修养。信息素养主要涉及到信息的知识、意识、道德和能力。

信息知识主要是指读者要掌握信息的基本内容、技术知识，以及信息特点等。而信息意识主要体现的是读者对信息的敏感程度，从客观的实践中读者进行分析、总结和规划，从而采取相应的行动，促使信息活动呈现出一定的方向、目的和自觉等特点。读书的选择方式是多样化的，而图书来源渠道也比较丰富，存在诸多影响条件，如经济、文化、环境等方面。目前我国的网民数量庞大，上网时间相对比较长，但整体来讲，比较缺乏读书的意识，对于培养信息意识并不够重视。在信息道德素养的教育过程中，要充分建立起高度的社会责任感。信息能力主要实施培养读者一些基本的信息操作，如软件使用、信息利用和开发，以及信息系统的构建等方面。

必须全面加强和提升读者的信息素养，随着数字图书馆流行开来，培养全体人民的信息素养是核心任务，尤其是在信息社会，数字图书馆的各项优势直接促使其成为非常关键的工具。虽然信息素养包含了诸多的内容，如意识、知识、能力等方面，但在信息系统上更是涉及了非常丰富的操作内容，操作能力的重要性不言而喻，读者必须要掌握操作技术才能够轻松地使用信息系统。全面信息素养需要经过海量的实践操作锻炼，在具体的培养过程中要充分重视实践能力的提升。

二、数字化图书馆环境中文献信息的传递与交流模式、特点

为了能够让读者加深对数字图书馆使用的了解，需要通过对图书馆环境的文献信息传递、交流等方面的内容进行阐述，以此促使读者明确图书馆的运行机制和信息资源服务模式，才可以更科学便捷地进行使用。数字图书馆为读者提供网络获取信息资源的服务而专门构建了相应的平台，即信息服务平台。其主要功能是对信息的导航，利用图书馆与互联网连接而进行信息的查找与搜集，可以充当相应的搜索或导航工具，能够帮助读者更迅速地找到需求信息。另外，数字图书馆利用自身所包含的信息内容能够直接为读者提供信息服务。网络成为数字图书馆传递文献信息的载体，通过网络读者可以查询需求信息。图书馆通过网络将相关信息进行发布，向读者进行展示，与读者进行信息传递和交流，拓展了以往没有的途径，能够让读者通过网络更全面地了解数字图书馆。

在信息数字化的环境中，通过网络进行文献信息的传输，包含主动和被动两个方面。主动传输文献信息主要是指读者与数字图书馆之间的主动传递信息的方式，即一方向另一方进行主动传递，通常借助于互联网的交际软件实施。如果读者想要了解一些文献信息时，可以通过利用互联网向数字图书馆传递信息服务需求，还包括如何联系读者等，这属于主动的获取信息服务的过程。同时，数字图书馆还可以向读者进行信息传递，在读者完成图书馆会员申请后，提交相应的电子邮件账号，就可以收到图书馆传递的文献信息相关服务内容。而被动的传输方式主要是一种守株待兔的情况，建立专门的数字信息网站，被动地等待读者进行浏览。该模式也是当下数字图书馆服务现状中比较常见的方式。但以上两种模式彼此之间存在相应的联系，要充分利用两种结合的优势才能为读者提供高效的服务。在为读者提供信息服务的过程中，往往会涉及到图书馆、读者和第三方之间的联系。数字图书馆的功能是强大的，读者可以充分发挥其作用，利用

互联网建立专门的网站、论坛等，成立一个类似于线下俱乐部的数字化俱乐部，让更多的读者参与其中，进行交流活动，感受数字图书馆的强大服务性，提升用户的信息素养。

数字图书馆读者服务的特点主要包括：

1. 开放性

数字化图书馆是在网络技术下诞生的，而网络的开放性以及服务的功能性，也势必要求图书馆的开放性，建立开放的信息平台，才能进行信息数据的快速传递。这也表明了计算机在遵守相关通信协议要求下，利用连接的工具和其他设备进行信息共享。

2. 集成性

相比传统图书馆存在空间限制，数字化图书馆的容量更大，能够将各种网络信息和文献资料的资源进行高度整合与集中，呈现出集成性的特点。在网络上，能够进行不同类型的信息传输，包括文字、图片、影视等等。可以进行单点、多点的不同方式的传输，通过计算机网络进行传输；而且将控制信息进行传递从而展开相应的远程控制措施。

3. 高效率

网络传递促使信息传递速率的提升，进一步提升了处理效率。数字图书馆通过网络进行信息的传输、存储和使用，极大地提升了文献信息的使用效率。

4. 实时性

通过互联网促使数字图书馆能够进行动态的信息传递，更加迅速、便捷，信息实时性的特点更突出。

三、数字图书馆文献信息资源的类型与结构

数字图书馆包含了各种类型的文献资料等信息资源，其类型与结构主要是指文献信息所属资源的类别、结构、特点以及具体的使用方法。数字

图书馆的资源非常丰富，囊括了传统图书馆所具备的资源，同时还涉及网络中的一些文献资料信息，为用户提供文本类型的信息服务。图书馆资料的范围包括视听、印刷、缩微等方面，以及各种类型的电子信息资源，涉及多样化的信息格式和类型。同时在开放的互联网资源的影响下，外部信息成为潜在的图书馆信息储备库，促使数字图书馆将实体与虚拟的信息资源进行整合。图书馆通过互联网能够连接到一些商业电子文献供应平台，或其他网络网站。尽管数字图书馆自身并不是这些信息资源的归属者，但通过网络能够将这些信息传递给用户，提供相应的获取渠道，因此，这些信息资源也可以理解是图书馆的"虚拟馆藏"。数字图书馆能够提供的信息资源的范围非常广泛，如数据库、网络新闻、电子出版物、音像资料等内容。

（一）电子出版物类型及其检索

电子出版物主要是指通过数字化的形式将信息储存在相应的介质上，并进行电子阅览的传播媒体，主要涉及到电子类型的图书、期刊、报纸等。在多媒体技术与超文本技术的普及应用下，电子图书成为了非常关键的信息资源，呈现出快速发展趋势。比较明显的特点是稳定，检索方式相对容易，内容稳定，浏览方法便捷。通常是利用网站来浏览和查询图书目录，还可以通过一些搜索引擎进行电子图书查询。在上世纪 90 年代，电子期刊逐渐开始兴起并快速发展，至今已经达到了上千种，主要是因为电子期刊的成本少、容量大、周期短、操作便捷、搜索灵活、形式多样，以及具备交互性等特点。

电子期刊目前主要包括期刊电子版和仅仅在网络上发表的电子期刊；根据收费与否划分为免费浏览和收费订阅；根据内容完整性划分为将所有期刊内容都发表在期刊平台网站上，以及仅将目录和摘要发表在平台上，还包含分散在各个不同平台的分布型期刊。检索的方式通常涉及到目录检索和使用两个方面。在网站上将传统的报纸进行收录，编辑为电子报纸的形式，为读者提供信息资源的查询服务。随着网络报纸逐渐多样化，内容越发多元化，也有效地推动了检索与浏览方法的升级和创新。通过网络进行报纸信息的浏览，能够了解以往和现在的报纸内容，进一步加深和拓展阅读层面，对信息的背景与事件的前后发展、评论等进行全面了解。

（二）数据库

数据库在电子信息资源发展史中经过的历程最长，产生的影响最广泛。通常来讲，数据库主要包括软盘、光盘、磁带、便携式数据库等形式。计算机的快速发展，推动了联机数据库的开发与建设。在多媒体技术快速发展的影响下，文字视频成为重要的信息资源，多媒体数据库得到快速的发展。我国对数据库的建设给予高度重视，积极投入并取得了不错的成绩。与此同时，索引、文摘、书目等类型的数据库制作技术不断走向成熟。

在 1996 年，由清华大学编辑的《中国学术期刊》正式发行，涉及到的学科非常广泛，能够及时进行信息资源更新，并设置了全新的检索方式，将传统检索与全文检索进行充分结合，应用非常广泛。该电子网络期刊体现了我国电子领域的数据库发展层次。通过网络来获取信息资源，尤其是在数字图书馆上各种类型的数据库都设置了相应的检索模式，需要针对读者展开相应的培训和指导，帮助读者能够更轻松地掌握操作技巧。

（三）OPAC

OPAC 是联机公共检索目标的英文简称，即 Online Public Access Catalog，诞生于 20 世纪 70 年代，在图书馆自动化的发展趋势下，推动各个领域的升级，也促使 OPAC 实现了巨大的跨越发展。步入 21 世纪，OPAC 又取得了快速发展，尽管主要业务仍然是提供数目数据，但在商业数据库的发展影响下，各种类型的信息资源融入其中，如音频、视频、图片、动画等多媒体信息。同时所收录的数据库更加丰富，呈现了机构的多样性。并且与全文数据库进行连接实现了全文检索与二次查询的多项功能。由于 OPAC 操作简单便捷，除了拥有丰富操作经验的图书馆工作人员外，其他普通读者也能够很轻松地完成操作，按照具体菜单的提示，指导读者进行查询检索，以及将错误问题进行提示给予反馈，通过人机交流的方式轻松进行查询。同时以读者的偏好和习惯对显示格式进行设定，检索方法更简单便捷，能够提供更加周到的联机服务。

四、网络信息资源的组织与展示

数字图书馆的环境主要是与互联网相关的网络信息环境。互联网作为一个开放式的网络信息平台，各种类型的信息不断进行传递，并通过各式各样的网站进行发表。仅仅依靠读者的力量显然做不到对需求信息的甄别，需要通过图书馆利用对信息资源进行有效的整理，从而为读者提供查询检索服务。图书馆对网络信息资源的整合主要是针对庞大的网络数据而设置的，充分发挥数字图书馆对网络信息的筛选、组织、整合、处理、加工等功能，将这些网络信息转化为图书馆的虚拟馆藏，是有效丰富图书馆资源的重要方式和渠道。海量的网络信息经过数字图书馆的处理和加工，促使网络信息更加有序，才能为读者提供周到的信息服务。具体的步骤主要包括对网络信息的过滤和筛选，对过滤后的网络信息资源进行整合与评价，按照相关要求对形式、内容、特点、价格等进行整理和归类。目前，对相关网络信息资源的有序化整理比较有效的策略是通过机读编目格式来实施。

参 考 文 献

[1] 薛虹. 数字技术的知识产权保护 [M]. 北京：知识产权出版社，2002.

[2] 奉国和. 数字图书馆 [M]. 北京：北京大学出版社，2003.

[3] 张炜. 国家数字图书馆服务框架研究 [M]. 北京：国家图书馆出版社，2012.

[4] 魏大威. 数字图书馆理论与实务 [M]. 北京：国家图书馆出版社，2012.

[5] 黄肖俊，等. 数字出版与数字图书馆 [M]. 北京：电子工业出版社，2013.

[6] 刘晓清. 怎样建设数字图书馆 [M]. 北京：海洋出版社，2010.

[7] 黄梦醒. 数字图书馆服务链——服务模式体系架构关键技术 [M]. 北京：清华大学出版社，2013.

[8] 王芬林，等. 数字图书馆发展研究 [M]. 北京：国家图书馆出版社，2012.

[9] 熊拥军，等. 数字图书馆个性化服务研究与实践——基于新型决策支持系统 [M]. 北京：国防工业出版社，2012.

[10] 黄水清. 数字图书馆信息安全管理 [M]. 南京：南京大学出版社，2011.

[11] 谢春枝. 分布式数字图书馆资源整合与服务集成的管理研究 [M]. 杭

州：浙江工商大学出版社，2009.

[12] 刘燕权．数字知识宝库纵览：美国数字图书馆案例精析 [M].北京：海洋出版社，2014.

[13] 魏大威．数字图书馆建设与服务推广研讨会获奖论文 [M].北京：国家图书馆出版社，2012.

[14] 吕淑萍等．图书馆数字资源版权管理实践与案例 [M].北京：国家图书馆出版社，2013.

[15] 徐周亚，龙伟．国家图书馆数字资源对象管理规范（国家数字图书馆工程标准规范成果）[M].北京：国家图书馆出版社，2013.

[16] 吴建华．数字图书馆评价方法 [M].北京：科学出版社，2009.

[17] 袁永久．我国数字信息资源共享建设策略研究 [J].农业图书情报学刊，2011，23（7）：26–28，67.

[18] 姚晓霞，肖珑，陈凌．新世纪十年 CALIS 的建设发展 [J].高校图书馆工作，2010，（6）：3–6.

[19] 郑铣．医学数字信息资源的开发利用 [J].现代临床医学，2012，38（6）：466–468.

[20] 于新国．对数字信息资源开放存储的研究 [J].价值工程，2012（24）：231–233.

[21] 于新国．开放存取环境中的我国图书情报类现期期刊资源分析 [J].科技文献信息管理，2010，24（4）：27–29，32.